UNKO

いまそこにある中国の日本侵食

ケント・ギルバート

WAC

はじめに

習近平政権の横暴ぶりが目立っています。新疆ウイグル自治区では、〝教育訓練〟と称してウイグル族の根絶やしを目論み、内モンゴル自治区では「地元言語による教育の権利」を奪って民族の尊厳を大いに傷つけようとしています。香港に関しては、いまさら言うまでもないほどです。

それ以前には、チベット問題もありました。中国共産党による「チベット強制併合問題」と、それに伴うダライ・ラマ十四世の〝地位簒奪〟に関しては、かねてからアメリカでも非難の声が上がっていました。しかし、ウイグルという地区は中国内陸部に位置するので、外からは実情が見えにくい。ウイグル地区では核実験が繰り返され、それが原因で何万人もの人たちが死んだという説もあります。

しかし、これまで「中国内部の問題」とされ、見て見ぬふりを続けていた国際社会が、このところにわかに「ウイグル問題」を糾弾する声を上げ始めました。それは二十一世紀の全人類的課題である「人権」重視の意向もありますが、それ以上に、世界を相手に強権を散らつかせ、「一帯一路」政策で後進国を操ろうとする中国に対しての警戒心が高まってきたからです。南シナ海でも一方的に「自国の領海」を主張して、強引な海洋侵出を目論む中国を封じ込めたいという狙いもあります。

中国は一方的に「九段線」という海洋主権を主張し、南沙諸島、西沙諸島などを拠点に南シナ海を支配下に置こうという野望をむき出しにし、フィリピンやベトナムなど、周辺地域と摩擦を繰り返しています。日本との間でも尖閣諸島を巡って緊張が高まっています。

その一方で、「一帯一路構想」で、アジアからアフリカへの「支配的欲望」をあらわにしてきたことで、さすがに国際社会も黙っていられなくなってきたというのが真意でしょう。

香港問題でも、返還条約の「五十年間一国二制度」という約束を簡単に反故《ほご》にしてしまいました。国際信義に対する明らかな違反ですし、民主主義に対する挑戦です。そして今度は台湾にプレッシャーをかけ、日本の領土も狙っているのです。

私は以前から、「香港の危機の前にはウイグルやチベットの悲劇があり、香港の危機の姿は台湾の未来図だ」と警告してきました。中国の台湾併合の野望は明らかですが、現状では強引な併合策は取れません。香港問題が沸騰する前なら、中国が「台湾は本来中国の領土なのですが、当面は一国二制度で行きましょう」などという懐柔策を持ち出してきたかもしれませんが、いまとなっては、それを台湾人も国際社会も信用しません。

そして台湾が中国の手に落ちたら、必ず沖縄に魔の手が伸びてきます。習近平は、図らずも自分の手で、それを証明してくれたのです。

沖縄といっても尖閣諸島だけではありません。れっきとした日本の県である沖縄本島の問題です。ここでも中国の工作員が暗躍し、沖縄の基地反対運動の様子を、現地でじかにこの目で見ると、横断幕に堂々と簡体字でスローガンが記されているのがよくわかります。北朝鮮や韓国の息がかかった団体が掲げたハングル文字のものまであるのです。驚くべき光景です。

中国が日本に仕掛けるプロパガンダ

実は中国は、国際政治の表面で強行姿勢を貫くと同時に、舞台裏で巧妙なプロパガンダ工作を仕掛けています。念のために説明しておきますと、「プロパガンダ」とは、特定の思想・世論・意識・行動へ誘導する意図を持った宣伝行為で、情報戦、心理戦、宣伝戦などと訳されます。それは案外、私たちの身近なところで、上手に意図を隠して行われるのが普通です。

例えば、日本の現状を肯定し、もっと素晴らしい国にしようと考える人たちは、わざわざ素性を隠してプロパガンダをする必要はありません。堂々と意見を主張すればいいだけです。反対に、日本の現状に不満を持ち、体制を破壊したいと考えている人たちは、素直にそれを打ち出しても受け入れられないことがわかっているので、まず日本の国益を削ぎ、破壊するためにプロパガンダを活用するのです。

日本に敵対する勢力がいきなり攻めてくることは稀です。まずはスパイや直接、間接のプロパガンダで、攻めやすい環境を作っていき、受け入れられやすい風土ができてから、一気に攻め込んでくるのです。

それも、日本の無責任な野党、朝日新聞や日本共産党、あるいは日本弁護士連合会のように、堂々と政権批判のプロパガンダをするのならわかりやすいのですが、中には身分を隠し、「どんな立場からの発言なのか」が不明なものも多いので厄介です。そんな〝反日勢力〟の黒幕が中国共産党なのです。

沖縄の基地反対運動の潮流は、その動きと連動していますし、日本のマスコミや大学の中にも侵入し、巧妙に〝中国シンパ〟を培養しているのです。

アメリカ大統領選「フェイクニュース」の大もとは中国

それどころか、二〇二〇年のアメリカ大統領選挙に介入したことも、疑いのない事実なのです。実は、大統領選挙の前後にトランプ対バイデンの動向をめぐって、日本のユーチューバーの間で論争が巻き起こりました。幸福実現党外務局長の及川幸久氏と篠原常一郎氏、中国の宗教団体「法輪功」が運営するチャンネル「大紀元」などが議論を続けたのです。「不正選挙」疑惑の真偽に百田尚樹氏や藤井厳喜氏、門田隆将氏、有本香氏、加藤清隆氏、大高美貴氏などが巻き込まれ、私にもとばっちりが及びました。

私は「不正選挙などなかった」という立場なので、「違いますよ」と主張しました。例をひとつあげると、「不正選挙」ということでテキサス州の司法長官がペンシルベニア州とほかの五つの州を訴えたことがあります。「それぞれの州は選挙を実施するに当たって憲法違反をした」という主張です。するとサイトが大盛り上がりを見せ、「最高裁で決着をつけよう！」と熱狂しました。

そこで私はひとつ、動画を発信しました。「最高裁は取り上げないと思うよ」と。理由はテキサス州司法長官にはこの件に関して原告適格がないからです。

するとたちまち、猛烈なバッシングの嵐に見舞われました。「不正選挙は明らかな憲法違反だろう。最高裁が動かないとおかしい」という主張です。私のサイトの半分以上がBADをつけてきて、激しい個人攻撃にも晒されました。

でも、法律を少しでも知っている者なら、最高裁が却下するのは、すぐにわかります。事実、その通りになりました。直後に数百人のコメントが削除されてしまいました。

私の意見は至極真っ当なのに、それを攻撃してくるのは、中国の策略に扇動されている人たちです。その筆頭は及川氏たちが主張する「陰謀論」。例えば「バイデンが逮捕された」「三月六日にトランプが就任する」など、意図を隠して「フェイクニュース」を発するのです。「ローマ法王がトランプ支持を表明した」というとんでもないものまでありました。

私は法律の専門家として冷静に答えていただけなのですが、篠原氏などは名指しで私を批判してきました。上念司氏は自身のニュースの中で、「みなさん、そんな陰謀論に踊らされないでください」と、私をかばう発言をしたら、すぐに爆発、炎上してしまった。実は彼がその発言をしたときは、私は隣に立っていたのですけれど……。こんなふうに隠れた「フェイクニュース」を暴き、「直言」をしていたブロガーやユーチューバーたちが、揚げ足を取られて槍玉に挙げられ、集中砲火を浴びるという現象が頻発しました。

では、その陰謀論を主導しているのは誰でしょうか？　それが問題なのです。それは中国の工作員だと私は確信しています。アメリカの選挙制度と、その延長線上にあるアメリカの民主主義自体の信頼を失わせるのが目的です。

そうして日本国内でアメリカ嫌いが増えていけば、それはやがて日米安保条約への懐疑につながり、日米同盟の意義が薄れていくからです。中国の狙いはそこにあります。

その証拠を一つ開陳しましょう。私のところにいろいろな抗議が来るので発信者をクリックしてみると、そこにはフォロワーがひとりもいない。空口座なのです。

また、あまり個人攻撃がひどい場合は、私は皮肉を書いて返すようにしています。すると発信元が明らかになるのです。

「ご丁寧なご発言ありがとうございます。ちなみにあなたは日本の方でしょうか？」

それでもしつこく繰り返されると、「ところで天安門事件をどう思われていますか」などと挑発すると、二度と送ってきません。「天安門」というワードが出た途端、中国の検閲にひっかかって削除されてしまうからです。また、投稿の時間帯も、中国の営業時間内だったりします。そこで私は、「これは中国人がやっている」と確信することができました。

でも、なぜ私を狙うのでしょうか。それは私が、「日本で信頼されているアメリカ人」だからです。ケント・ギルバートという人間の信用を失墜させれば、日本の中の〝アメリカびいき〟層を分断することができる……。

そんな中国のプロパガンダ工作の狙いと、その実態は本書で明らかにしていきますが、ユーチューブやSNS上だけでなく、日本の大手マスコミが、いかに中国の〝意図〟のままに操られているか、まずその点から明らかにしていくことにしましょう。

いまそこにある中国の日本侵食

◉目次

「新型コロナ禍」を逆利用する悪どさ
言論の自由を阻害する中国の悪逆非道
習政権は全世界に謝罪せよ！
ＷＨＯは中国のプロパガンダ機関
テドロスも中国に弱みを握られている？
武漢ウイルスは故意ではなかったのか？
ワクチンを世界支配の武器に
中国共産党との連携組織が全米で六百以上判明
分断の種をまくのが目的
アメリカ国内でのロビー活動強化を明言
投稿時間で中国発かどうかがわかる
究極の標的はアメリカ
トランプが「不正」を強調するほど中国が利を得る
断じて「不正選挙」ではなかった

第四章　世界を震撼させる「中華思想」 161

第六章　日本が「インテリジェンス敗戦国」から脱する道

第一章

日本列島を覆い尽くす「中国プロパガンダ」の恐怖

虚偽だらけの朝日新聞慰安婦報道

日本のマスコミが中国のプロパガンダ機関になっている理由は、太平洋戦争時の「大本営発表」の精神から、まだ抜け切れていないからだと、私は考えています。

日本人ならよくご存知のように、太平洋戦争の時代は、軍部の発表をまるまる報道することが強制され、異論を挟むのはもちろん、論評することさえ許されませんでした。万が一、方針に従わなければ、「非国民」とか「アカ（社会主義者）」とレッテルを貼られて逮捕されたりしたのです。戦後のマッカーサー司令部の時代は、刑務所に入れない代わりに、発行禁止や発刊停止処分を下しました。

日本のマスコミはこの教訓に学ぼうとせず、相も変わらず「お上」の意向を忠実に伝えようとします。「お上」とは戦前は軍部、戦後はＧＨＱ（連合軍総司令部）、そしていまは中国・韓国政府です。

その典型が朝日新聞。朝日新聞は情報を操作し、見方に角度をつけたり、不都合な部分をわざと報じなかったりして、自分たちの「世界」を作ってしまうのです。例えば私の著書『儒教に支配された中国人と韓国人の悲劇』を取り上げ、意図的に「ネットなどでは当初から『嫌韓・嫌中』だとの批判が相次いだ」「差別意識に基づくとの批判も」などと書きました。この記事の掲載に当たっては私にも取材の申し込みがありました。でも以前、取材を受けたとき、私の考えと違う意図で記事を書かれたことがあったので、今回もそんな「印象操作」をされるのが嫌で、「取材は文書でお願いします」ということと、「こちらからも質問があるので、文書で回答をください。それはすべてSNSに掲載します」と条件をつけたのです。そうしたら向こうから断ってきたのです。

文書でやり取りするのはなんの問題もないはずなのに、「取材方法をめぐって折り合えなかった」と記事に書きました。一方的に自分のやり方を押しつけておいて、まるで「相手が悪い」という書き方は、これも一種の印象操作でしかないと思います。

このように、権威ある（と世間では定評のある）メディアが報じるニュースは、その中に特定勢力に都合のよい偏向報道や、印象操作が含まれていることが多いのです。特に「正義」「平和」「人道」などの響きのよい言葉をまぶして報じられるニュースは、特にこの傾向が顕著です。

朝日新聞の最大の犯罪は「慰安婦問題」についての報道です。

戦時中、陸軍の軍属だった吉田清治氏が著書で「軍令により済州島で朝鮮人女性を強制連行して〝従軍慰安婦〟にした」と記述したのがことの発端です。朝日新聞はこの「証言」に飛びつき、早速記事にしたのですが、後年、この証言がまったくの虚偽で、根拠がないことがわかったのです。事実として、これまで強制連行を裏付ける確かな資料や証言は見つかっていません。民間の〝業者〟が女性を集めて兵士たちに提供したことはありますが、軍による強制連行はなかったのです。

そこで朝日新聞は二〇一四年に、吉田清治氏の韓国・済州島で「慰安婦狩り」をしたという証言が虚偽だったと認定し、一九八〇年代から九〇年代にかけて何度も報じた吉田証言に関する記事を取り消しました。でも正式な謝罪はせず、自分たちの間違いを認めていないのです。

朝日新聞の罪は重い

この慰安婦問題は完全に政治問題となり、いまだに日韓関係を揺るがし続けています。その引き金を引いた朝日新聞の罪は重いと言わざるを得ません。

この問題に関しては、政府は二〇二一年四月二十七日の閣議で「『従軍慰安婦』という用語は誤解を招くおそれがあり、政府としては『慰安婦』を用いる」という答弁書を閣議決定しました。「従軍慰安婦」という言葉では軍によって強制連行されたようなイメージが染み付いたままになってしまいますが、これを正式に否定したのです。

いわゆる徴用工問題についても、「強制連行」という表現は適切ではないとしました。遅すぎる気もしますが、これで政府の公式文書や教科書では「従軍慰安婦」「強制連行」といったウソを発信できなくなったので、大きな進歩だと思います。

ただ、加藤官房長官が記者会見で、「これまでの政府の立場を変えるものではない」と説明したのが気がかりです。「これまでの立場」とは、悪名高き「河野談話」のことで、一九九一年、韓国の元従軍慰安婦らが日本政府に補償を求めて日本の裁判所に提訴したことを受け、九三年、当時の宮沢内閣の河野洋平官房長官が「謝罪と反省」を公表した談話のことです。加藤官房長官は、悪名高きこの「河野談話」を継承する立場を崩していないようですが、これはおかしい。

河野談話には、「ともかく謝罪すれば韓国は静かになるだろう」という、浅はかで場当たり的な意味合いが見て取れます。速やかに抹消しなければならないものなのです。

しかも日韓両国は二〇一五年の「日韓合意」で、慰安婦問題の「最終的かつ不可逆的な解決」を確認しています。「多数の女性の名誉と尊厳を深く傷つけた問題であり、日本政府は責任を痛感し、心からおわびと反省の気持ちを表明する」ことで決着したはずなのです。

しかし文在寅大統領は前政権の決着を認めず、慰安婦問題を政権維持に利用してきました。そもそもこの問題は朝日新聞の間違った記事をもとに、「旧日本軍が強制連行していた」という国際的非難が巻き起こったことで、こじれてしまった問題です。この「証言」は虚偽だったのに、いまだにその反省を、公式に口にしない朝日に、メディアとしての価値はあるのでしょうか。

いうまでもなく、「従軍」つまり「強制連行」の有無は、日本と韓国を隔てる大きな壁になっています。その原因の大きな部分は朝日新聞にあると言って過言ではないでしょう。

韓国の反日勢力は吉田証言を根拠に、「日本は半島の女性を性の奴隷にしてきた」と主張しますが、これはいわゆる「反日種族主義」にすぎません。ところが、韓国は嘘をもとに日本の足を引っ張り続けているのです。

メディアは、言葉一つで国の名誉が簡単に傷つき、国と国の関係が修復不可能になることを再認識する必要があります。それほど、プロパガンダの威力は大きいのです。朝日新聞の罪は極めて重い。文大統領ばかりでなく、韓国の朴槿惠前大統領は「一千年たっても恨み続ける」と公言していましたが、そのような国家は無視して、日本はわが道を進めばいいだけの話なのです。

朝日新聞は共産主義か？

私は、朝日新聞の論理を貫く根本は「共産主義」ではないかと思っています。朝日の中には、中国の協力者がけっこういるので、中国関連の報道を見ても、決して中国共産党批判はしませんし、中国当局の意向におもねるような記事のオンパレードです。まるで「第二の人民日報」のような有様です。

もちろん、日本では言論の自由が保障されているので、それをとやかくいう問題ではありません。しかし、偏向報道や印象操作は、読者である私たちにはなかなか見破れません。騙されたまま、巧妙におかしな方向に誘導されていきます。それがプロパガンダというものの正体です。

少し詳しく話しますが、朝日新聞が日本会議政策委員の高橋史朗氏と、「慰安婦像」設置阻止に尽力している山岡鉄秀氏を名誉毀損で訴えている事件があります。

私たちが議員会館でシンポジウムを開いたときに、「朝日新聞は慰安婦問題についての報道が虚偽だったことは認めましたが、朝日新聞の英語版ホームページにはそれを撤回したということが出ていない」と私が提議したことが発端です。

それに対し、朝日新聞は「出している」と答えてきましたが、現実には検索できないようになっていました。確かに最近、ようやく「性奴隷＝sex slave」という表現を使わなくなりましたが、「women who were forced to provide sex to Japanese soldiers」という形で「forced＝強制」という言葉に固執しているのです。

もともと朝日新聞が報じてきた「慰安婦」とは、「挺身隊という名で騙されて強制的に連行され、慰安婦にさせられた」「軍隊が組織的に女性を連れ去った」というものです。これを受けて韓国側は「十代前半の少女まで連行された」「慰安婦の多くは証拠隠滅のために殺された」などと荒唐無稽《こうとうむけい》な主張をしているのです。「forced」という言葉を容認したら、その主張が正しいことになってしまいます。それを糺《ただ》したら、「その表現でいい」の一点張りなのです。

そこで私たちは署名運動を展開して、集まった一万数千人の署名を、私と山岡さんが朝日新聞に持っていきました。広報部長が出てきたので「英語の表現を訂正すべきだ」と要求し、回答を求めたが、まったく答えにならないものばかりでした。それでもう一回質問をして、それを何度か繰り返したのです。

一方、朝日新聞が「sex slave」という表現をやめたのに、朝日新聞系列だった英字紙『ジャパンタイムズ』は「正当な表現」だと宣言し、使い続けました。それで私が虎ノ門ニュースに出演するたびに番組の冒頭でその日の第一面を見せて、「今日の『アンチ』ジャパンタイムズは……」と紹介しました。二〇一七年六月にジャパンタイムズはインターネットのPR会社に買収され、二〇一八年十一月三十日にその会社の意図で英語の表現を朝日新聞と同じ表現に変えました。社員は猛反発したそうですが、ロイター通信の取材によれば、十二月三日の社内会議で、水野博泰編集主幹は、「ジャパンタイムズが反日的だという批判を払拭したい」と発言したことが、議事録や音声記録に残っています。

その後、二〇二〇年三月二十日に、「forced」という表現を削除して、「women who suffered under Japan's military brothel system before and during World War II」にしました。従って、いまジャパンタイムズからは「forced」という表現が消えています。徴用工に関しても「強制労働」という表現は使っていません。しかし、朝日新聞の英語版ではいまだに使っています。

朝日新聞だけではありません。実は私は、日本のマスコミの中にどれだけ中国の工作員が浸食してるいのか、ぜひ実態を調べたいと考えています。

放送局のＴＢＳも、朝日新聞と同様に、中国や韓国に忖度する姿勢が明らかです。したがって私はＴＢＳを「ＫＢＳ」と呼んでいます。「東京放送」ではなく「韓国放送」です。

日本人がプロパガンダに乗せられやすい理由

日本人は、その歴史的、地政学的、文化的な背景から、たやすくプロパガンダに乗せられてしまう傾向にあると思います。その大きな原因の一つに、性善説が社会の前提になっていることがあげられます。過度な性善説が日本人の判断力を狂わせるのです。

例えば、中国共産党を筆頭とする勢力が、何を日本に仕掛けてくる可能性があるのか、それを知っておくことが日本という国を守ることであり、そこに暮らす日本人自身を守ることにつながるのです。

日本人は、「そんな悪どい人間ばかりじゃないよ」と笑うかもしれませんが、「それが性善説の弱点なんだ」と、私は申し上げておきます。いまの日本社会には数多くの外国人が入っています。私もそのうちの一人ですが、そのほとんどは誠実で、日本が好きでやってきて、中には永住を決めた人もいます。でもこうした「善人」の中に、日本と日本人に〝危険〟を及ぼすために活動するスパイは必ずいて、彼らが巧妙に発信するプロパガンダも必ずあるのです。

日本人の「性善説」を象徴するのが、日本国憲法前文だと思います。前文は「……平和を愛する諸国民の公正と信義に信頼して、われらの安全と生存を保持しようと決意した」と高らかにうたっています。「諸国民の公正と信義を信頼する」のはとても美しいことですが、では万が一、「信頼できない」人たちがいたら、どう対処するのでしょうか？

「まさかそんな恐ろしいことはないだろう」とか、「他人はみんな善人だ、むしろ他人を疑うことそのものがいけないことだ」というのが性善説。その考え方が広くよいものだとされているため、日本人は世界でもまれに見る「プロパガンダに乗せられやすい人たち」になってしまっているのです。日本人は過度な性善説の危険性を認識しなければなりません。

例えば、中国などが、日本を牽制してきたりします。すると、真面目で誠実すぎて、性善説に支配されている日本人は、こうしたプロパガンダにも〝誠実に〟対応してしまうのです。

本来は「いわれのないこと」であり、あるいは「すでに決着がついたこと」です。でも日本人はひたすら我慢した挙句、「正義は必ず報われる」と信じて、正直に真実だけを語ろうとするのです。でも、それが通用すると考えているのは日本人だけです。プロパガンダは、先に仕掛けたほうが圧倒的に有利だからです。「南京大虐殺」も「従軍慰安婦問題」も「徴用工問題」も、でっち上げられたストーリーです。しかし、アジアの歴史を知らない諸外国の人たちに、何度も繰り返して吹き込めば、やがてそれが「事実」として一人歩きしてしまうのです。

「正直」なのは日本人の美徳ですが、証拠がないなら謝罪などすべきではなかったし、「そんな事実は証明されていない」と反論すべきだったのです。でも日本は、「否定できる証拠がない」というだけで、頭を下げてしまいました。中国や韓国はそこを利用して、どんどんつけ込んでくるのです。

「ビッグ・テック」の意図的プロパガンダ

もちろん、プロパガンダのすべてが恐ろしい目的で使われている悪質なものだというわけではありません。私たちはメディアも含む、広い意味での環境から情報を得て人格が形成されます。重要なコミュニケーション手法なので、私はプロパガンダを全面的に否定するつもりはありません。使い方によっては、良い意味でも悪い意味でも強い武器にもなるからです。

マスメディア（マスコミュニケーション）とは、テレビ、ラジオ、インターネット、新聞、雑誌、書籍などを媒介物として用いることで、不特定多数の大衆（マス）に大量の情報を伝達（コミュニケーション）するものです。

この場合、伝統的に、送り手と受け手の立場は固定され、一方的な伝達手段になるケースが多くなります。一対一の会話なら、互いに発信側にも受信側にもなりますが、マスコミュニケーションではテレビ局や新聞社が一方的に発信をするだけで、視聴者や読者の話を聞くことはほとんどありません。受信側は発信側の発言を信じるか信じないかしか選択肢がないのです。

ところが、インターネットが発達してから要素が変わってきています。ニコニコ動画のような動画配信サービスの双方向性は非常に面白いもので、画面上に直接視聴者の書いたコメントが流れる。スタジオの私たちが生放送中にそのコメントを見て発言することもあります。

ユーチューブのライブもあります。生番組として、視聴者は質問をチャットで送って、発信者はそれに答える仕組みです。私もほぼ毎週ライブをやっています。そして、パンデミックになってから、ZOOMという媒体が爆発的な人気を博しています。このメディアを通して、さまざまな意見をスムーズに双方向で交わすことができ、民主主義に必要不可欠な「議論」が効果的にできるのです。

また、意見を発信する新たな媒体として、フェイスブック、ユーチューブ、ツイッターなどが登場し、全世界に広がっていきました。

ただ極めて残念なことに、「ビッグ・テック」と言われるこれらの企業は、意図的に自社の政治思想と異なる意見を削除したり、制限したり、ブロックしたりしているのです。結局、利用者は検閲に引っかからないようにキーワードを慎重に選んで発信するしかなく、欧米では政治的な問題にもなっています。私が経験した実例を紹介しましょう。

二〇二〇年十月十六日に、私は「バイデン氏息子がやらかした！　証拠メールを解説！　カマラ・ハリス氏もパニック！　大統領選（トランプVSバイデン）」という動画を自分のユーチューブチャンネルにあげました。順調に再生数が伸びて、早々と十万人になりましたが、夜十二時ごろ、まったく伸びなくなりました。これが検閲です。自分に対して何の予告もなしに、配信をブロックしたわけです。翌々日にはまた伸び始めて、最終的に十五万三千人になりました。

次に、十月二十三日に「バイデンと癒着疑惑巨大ＩＴ企業がある？【大統領選挙トランプVSバイデン】」という動画をあげました。これも、最初は順調に伸びていたのに、突然止まって、翌々日からまた伸び始めました。

どう考えても、ユーチューブがバイデン氏に対するマイナス情報を検閲していたものでしょう。これは、中国人のクレーマーに言われてやったのか、それとも社内の政治的偏向によるものなのかわかりませんが、いわゆるビッグ・テックが情報操作をしたことに変わりはありません。

ニュースショーで変貌した日本のメディア

放送媒体の偏向、プロパガンダ体質のそもそもの問題は、民放が始めたバラエティ番組的なニュース、いわゆる「ニュースショー」の登場にあると私は思ってます。日本のニュースショーの発端は、かつて日本テレビが放送していた「久米宏のTVスクランブル」という番組です。一九八二年十月に放送を開始し、八五年三月に終了したこの番組は、ニュースショーの原型であるだけでなく、その後「ニュースステーション」(テレビ朝日、八五年十月放送開始)の原型になり、キャスターになる久米氏の、ニュースキャスターとしてのデビュー番組でもあったわけです。

私が当時、このニュースショーを見て抱いた違和感を一言で表すなら「なぜニュースに、いちいち自分の解説や意見を入れるのか?」でした。それも、かなり幼稚で偏った見方をしている危ないものを、わかりやすさという名の下にショーアップする。「これは問題ではないか?」と感じるようになりました。

しかし、このスタイルはヒットし、高い視聴率を得ました。ここまでなら、私もまだ納得できます。なぜなら、ストレートニュースをやめて意見を言う人、感想を言う人を配置するにしても、放送法の「政治的公平」を満たすためには、同じニュースに対してさまざまな立場の人を呼んでおけばいいからです。

しかし、現実はそうではありませんでした。かつて私はTBSの看板番組『サンデーモーニング』にパネリストとして出演していたことがあります。ここには私や、北野大氏（当時明治大学教授、ビートたけし氏の兄）、三屋裕子氏（元バレーボール全日本代表選手）などがレギュラーで出演し、他にも、高市早苗氏（前総務大臣、衆議院議員）、ペマ・ギャルポ氏（チベット出身、拓殖大学国際日本文化研究所教授）もいれば、瀬戸内寂聴氏、辛淑玉《シン・スゴ》氏（コンサルタント・政治活動家）も出演していました。論客ぞろいなので当然、意見が合うはずがない。侃々諤々《かんかんがくがく》議論をすることになったわけですが、ある頃から、私たちのような中道的主張をする面々の代わりに、左派的な傾向を持つ人ばかりが「意見」や「解説」を述べる番組へと変わってしまったのです。

思うに、TBS報道局に嫌われたメンバーが外されたようなのです。どうしても私たちを番組から下ろしたい。そこで放送開始から十年目を期にして、全員が降板になってしまいました。番組が始まったころには社会情報局の管轄でしたが、オウム事件で発覚したTBSビデオ問題により、社会情報局が廃止されたため、一九九六年以降は報道局に管轄を移されました。

実はこの番組、基本は司会進行役の関口宏氏が事実上のプロデューサーです。コメンテーターが何人も彼の事務所に所属しています。私たちが番組を下ろされて以来、完全に左寄りの色が強く、私たち「放送法遵守を求める新・視聴者の会」が毎週、調査対象にしているほどです。

そして、ごく注意深い人を除き、視聴者はおそらくこうした放送局側の変化に気づいたりはしません。残念ながら、多くの日本人はメディアに対して無批判、無防備で、素直にメディアを信頼しているのでしょう。そのせいで、あるときから、ニュースを見ようとテレビをつけるたび、左派の「意見」や「解説」を同時に受容させられる環境ができ上がってしまったのです。放送事業者は半ば、プロパガンダの活動家に成り下がっているのです。

偏向主張は放送法違反

実は、放送事業者は偏向した意見、解説ばかりの「ニュースショー」を本来放送してはならないのです。それは、放送法に反しているからです。

そこで改めて、放送法の条文を確認しておきます（一部仮名遣いを改めています）。

・第4条　放送事業者は、国内放送及び内外放送（以下「国内放送等」という）の放送番組の編集に当たっては、次の各号の定めるところによらなければならない。

一　公安及び善良な風俗を害しないこと。
二　政治的に公平であること。
三　報道は事実をまげないですること。
四　意見が対立している問題については、できるだけ多くの角度から論点を明らかにすること。（以下略）

新聞には、各紙ごとにカラーがあり、オピニオンがあります。しかし新聞は放送ではない、あくまで私企業です。これに対し、電波は有限な公共の財産であり、放送法に書かれているとおり、「公共の福祉に適合する」ように使われるという条件のもとに免許が与えられているのです。新聞の場合は、あるイシューについて一方に肩入れした意見や解説を「社説」で書こうと自由です。それに抵抗を感じる読者は、購読をやめることができるし、容易ではありませんが、別の新聞を立ち上げて自分の意見を述べることさえ自由にできます。

しかしそれと同じような論調を放送で流すこと自体、大きな問題があります。そんなことをするくらいなら、第4条の三や四に書かれている通り、客観的に見て対立のポイントはどこにあるのか、それぞれの意見を支持する層が何パーセントいるのか、などといった内容に徹するべきなのです。

それができなければ、結局、プロパガンダと批判されても仕方がありません。なんと言っても電波は「限りある資源」であって、既存の放送局に飽き足らないといっても、第三者がそれに対抗するような放送局を次々と作ることは事実上無理だからです。

しかし、インターネットの登場によって、ようやく多様性の「救済」が現実化しました。放送メディアに乗らなくなってしまった意見、あるいは現在放送メディアで流されている解説に疑問を抱く人たちの考えが反映されるメディアが生まれたのです。当初はある程度パソコンに詳しくなければなりませんでしたが、いまではスマートフォンやタブレットで、誰でも特別な知識なく見られるようになり、むしろ既存のテレビメディアを脅かす存在にもなりつつあります。

ところが、依然としてテレビメディアでは、『サンデーモーニング』（ＴＢＳ）や『モーニングショー』（テレビ朝日）『報道ステーション』（同）『時論公論』（ＮＨＫ）などが、さもまともなもののように東京発の全国ネットとして流されているわけです。

放送メディアの「偏向報道」をチェックしよう

　ではここで「放送法遵守を求める新・視聴者の会」の活動を紹介しておきましょう。この会の源流は作曲家のすぎやまこういち氏を代表呼びかけ人とする任意団体「放送法遵守を求める視聴者の会」にあります。私と評論家の上念司氏も名を連ねていました。その後、「新・視聴者の会」への組織の改編に伴い、現在は私が代表理事、上念氏が事務局長をつとめています。

　活動の趣旨は、テレビ報道において、放送法第4条が求める放送の公平さや、事実の正確な報道を訴えるものです。その活動は当初から国会の議論で取り上げられ、新聞、雑誌や放送業界誌でも扱われるなど、大きな反響を呼びました。初期の「視聴者の会」の活動をきっかけに、テレビ局は「時間公平性」に配慮するようになり、国会では電波オークションやNHK改革など放送法をめぐる議論が広まってきたことは、この運動の大きな成果だと考えています。

　私たちは様々な形で、意見の異なる方々に討論を呼びかけ、同時に、当会に対する批判にも積極的に応えて、公平・公正な議論を行ってきたつもりです。ところが残念なことに一部のジャーナリストの方々は呼びかけに応じないばかりか、「報道の自由が脅かされている」という根拠のない主張をし、当会を非難しています。

それどころか、「歴史上最悪」と思われる偏向報道（森友学園、加計学園を巡る一連の報道）以降も、テレビの偏向報道は止まりません。そして二〇二〇年以降は、新型コロナウイルス感染症に関連したデマの拡散、恐怖の煽りなど、エビデンスに基づかないテレビ報道が幅をきかせています。

国民にとって大事な話を正確に伝え、フェアな議論を行うのは、放送業者の義務です。それが視聴者の「知る権利」にこたえる道なのです。

「知る権利」は、憲法21条が明記する「表現の自由」と不可分の関係にある大切な権利です。国民が国の政策や、政策への意見など多様な情報を十分に知ることができる環境があって初めて、一人一人がそれらの情報を吟味した上で、各自の意見を形成することができるようになるからです。国民の「知る権利」が保障されるためには、行政機関が充分に情報を公開すると共に、報道機関が国民の「知る権利に奉仕する報道」を行うことが極めて重要なのです。

この会は、特定の政治的主張を持つものではありません。どんな立場からの政治的主張であろうと、アンバランスで極端に偏向した姿勢での報道は許されないと考え、政治的立場がどうあれ、公正な報道姿勢が守られていない限り、その是正を求めてゆくのが、この会のあり方です。そのために、放送局に対し「放送法第4条を遵守し、公平公正な報道によって国民の知る権利を守るよう」に要求する活動を続けています。目的は公平公正な報道が実現されること、それだけです。

またこの会の対象は放送法の規制下にある放送事業者のみであって、新聞ではありません。新聞に対しては法的な規制はなく、例えば読者が、ある新聞の主張や報道姿勢が気に入らなければ、その新聞をとることをやめればいいのです。この趣旨から不買運動や訴訟運動をする団体は、すでにいくつも存在します。

でも放送に関してはそれがないので、私たちの会がチェックをしています。放送は許認可事業であり、現実にごくわずかな事業者による寡占状態が続いています。だから、放送法第4条は放送事業者に、他のメディアではあり得ない法的な規制をかけているのです。電波の寡占により、特定の立場、利益団体、政治的主張のプロパガンダが横行するのを防ぐためです。

ところが、私たちの会の統計調査では、現在の放送事業者の大多数は放送法第4条をまったく遵守していません。しかもテレビ業界全体の主張がほぼ同傾向にあります。日本のテレビ界に、業界による全体主義的事態が生じているのは統計的に明らかなのです。

そこで当会は、現行のテレビ放送の違法性の指摘と是正に運動方針を絞ることで、運動が、他メディアの言論の自由の抑圧につながらないよう、細心の注意を払っています。

仮に、放送法第4条が空文化しているのであれば、私たちは電波オークションによる放送の自由化を求めるつもりです。実際にアメリカでは一九八四年にケーブルテレビの普及やメディアの多様化などを理由として、日本の放送法第4条に相当する「フェアネスドクトリン」は廃止されています。電波帯域を独占するなら放送法を遵守し公正中立な報道をすべきですし、それができないなら電波の独占をやめて放送を自由化すべきなのです。私たちの主張は極めてシンプルです。

[連絡先https://housouhou.com/about-us/]

自分の意見を押しつける

私の知る、ある民放キー局のディレクターが、報道番組放送前のカメラリハーサルをしているとき、まだ到着していない識者の代わりにスタジオの席に座って識者の役を演じながら、こんなことを言ったそうです。

「安倍さんは本当にすごいと思いますよ。野党のモリカケだのなんだの、ああいうのはめちゃくちゃですよ」

もちろん放送されているわけではなく、テスト用にしゃべっただけです。しかしこの様子をサブ（副調整室、放送全体を見通して指示を出したりカメラを切り替えたりするブースのような場所）で見ていたプロデューサー（つまり彼の上司）が、すかさずこんな言葉を、マイクを通じて発したそうです。

「ちょっと！　そんなこと言っちゃダメだ！」

それがプロデューサーの信条であり、同時に番組の「方針」なのです。マスコミの中にいる人は、意識的にせよ無意識的にせよ、自分たちの持っているマスコミュニケーションの力を、プロパガンダに利用したり、そのまま外部の勢力に供給しているケースが少なくないことを、私たちは警戒するべきです。少なくとも、マスコミから流れてくる情報を、絶対に鵜呑みにしてはなりません。プロパガンダはこれまでも、いまこの瞬間も、私たちの周辺に、当たり前に存在しているのです。

つまり、朝日新聞を読んで、ＮＨＫのニュースを見るだけでは安心できないと心得てください。複数の情報源を確保しながら、情報リテラシーのスキルを磨くことは、現在の「情報革命」に生きる私たちにとって必要不可欠な行動なのです。

メディアで情報に接したとき、私たちが信じていいのは、「今朝の朝日新聞の社説に、ナントカカントカと書いてあった」という事実、「昨日NHKの『時論公論』で、〇〇解説委員がどうのこうのと言っていた」という事実だけです。社説に書かれている内容、某論説委員が語っていた内容が正しいなんて、メディアの名前だけで信じてしまってはならないのです。

中国の宣伝工作に負けた日本

しかも、こうした「社説」やテレビの「解説」の裏には中国の影が見え隠れすることが問題です。

以前、『朝まで生テレビ』を見ていたら、ある芸人が沖縄のことに触れて「中国が欲しがるなら、あげればいいでしょう。もともと沖縄は中国のものでしょう」などと暴言を吐いていて、私は開いた口が塞がりませんでした。

「もともと中国のもの」なんて、どう歴史を見てもあり得ません。しかし中国は巧妙に「歴史の嘘」を広め、「もしかしたらそうだったのかもしれない」と思わせるようにプロパガンダを仕掛けているのです。

例えば、戦前に新渡戸稲造が書いた『武士道』という著作があります。一八九九年にアメリカで発表した英文のものです。この本の趣旨は西洋化していく日本で、以前から受け継がれてきた「武士道の伝統」を紐解き、誇り高く、高潔な日本人の姿を広く紹介しました。「日本人には武士道精神があるので、それゆえに平和的な民族である」と訴えかけたものです。

ところが中国はそれを逆読みして、「武士道精神の塊であるから、日本人は好戦的で野蛮な民族である」と宣伝を繰り広げました。蔣介石の妻・宋美齢が全米のマスコミ相手に大キャンペーンを繰り広げたのです。

背後にはフランクリン・ルーズベルト大統領がいました。宋美齢は親中派のルーズベルト大統領やその妻エレノアと親密な関係を構築し、日中戦争から第二次世界大戦に至るアメリカの対日政策に大きな影響を与えました。第二次世界大戦中の一九四二年十一月から四三年五月には、ルーズベルト大統領直々の招聘でアメリカを訪問し、アメリカ政府の全面的なバックアップを受けてアメリカ全土を巡回し、自ら英語で演説して抗日戦への援助を訴え続けました。

[出典：https://www.wikiwand.com/ja/%E5%AE%8B%E7%BE%8E%E9%BD%A2]

アメリカ国民は実態を知らないので、美人の宋美齢の発言でもあるし、大統領も賛同しているのだからと、素直に信じてしまったのです。

こうして第二次世界大戦前と戦時中、日本は対米世論工作で中国に大惨敗しました。その結果、いまでも「日本人は残酷な民族だ」と世界中で信じている人が少なくありません。

そして、いまでも世界抗日戦争史実維護連合会（通称抗日連合会）という組織が、アメリカで一所懸命、抗日・反日ロビー活動を主眼として、日本を貶める運動を繰り広げています。この中国系アメリカ人による団体は四十の団体の連合体であって、本部は、慰安婦像がアメリカで最初に建てられたカリフォルニア州グレンデール市にあります。私自身は一度電話して、「メンバーになりたい」と言いましたが、怪しまれて、断られました。

サンフランシスコに慰安婦像の設置を主導したのも、中国系が中心の『慰安婦正義連合』という団体です。設置場所としてチャイナタウン近くの私有地を市に寄付し、公共物化を図りました。二〇一七年九月二十三日の除幕式には、駐サンフランシスコ中国総領事も出席しています。中国が裏で糸を引いている可能性は極めて高いと言えるでしょう。

［出典：https://www.news-postseven.com/archives/20200126_1526797.html/2］

中国人の発想はまず「有利か不利か」

アメリカの文化は一般的に「罪の文化」と言われます。「罪」にはまず宗教的な罪があります。キリスト教・ユダヤ教の聖典（聖書など）に記されている善と悪が基準になります。それから、法律的な罪があります。その延長線上に、民主主義や愛国心などがあって、個人の「道徳」があります。行動規範はこれらをベースにして、個人の良心によって決まります。

一方、日本では、この「罪」という概念はピンとこないようです。むしろ日本の文化は「共存の文化」だと思います。神道では自然と共存し、「清いか穢れか」がポイントになります。その延長線上に人間との共存があります。行動規範は、個人の道徳はもちろん大事ですが、社会全体の共通意識に大きく左右されます。「共生」という言葉が当てはまります。

さて、中国はまた違います。私と加瀬英明氏と石平氏の共著『新しい日本人論』（ＳＢ新書５０２）のなかで、石平氏が中国の二重基準を以下のように説明してくれました。

「中国は二重基準です。善悪に関して言えば、中国には普遍の善悪というものがないのです。社会にとって悪でも、身内にとって善であれば、それでいいと、そういうのが、善悪の基準になるのです。

例えばいま中国で、特に幹部の間で汚職が横行しています。中国人の考えでは、汚職は悪いことじゃないのです。幹部一人が汚職したら、一族はみんな金持ちになって幸せになるからです。だから、社会に対して害があっても、一族が幸せになればいいのです。

要するに彼らには、身内以外に頼るものはないのです。法も社会も頼りにならないのです。国家も守ってくれないから、全て自分たち一族で自分たちを守るのです。一族から外に出たら、みんな敵ですから。実に残酷な世界です。

皇帝について言いますと、中国人からすれば、皇帝もせいぜい一族の長に過ぎないから、その一族のためにあるものです。一族のために万民を搾取するのですから万民の敵なのです」

先ほど「日本人の性善説が問題だ」という話をしました。中国はそれと真逆。社会は「性悪説」で成り立っています。だから意図的に悪い噂を広め、自分に有利になるように働きかけます。中国が性悪説であることは、その歴史を見れば明らかです。まず、そういう国だということを知ることから始めることが必要です。

彼らは「だます」ことを悪いとは思っておらず、「だまされるのは自分に不利になるから、だまされてはいけない」という発想。「有利か不利か」であって、善悪の問題ではないのです。これはキリスト教・ユダヤ教の根源にある考え方ともまったく違います。

余談になりますが、『旧約聖書』はモーゼの立法で、それを信じるのがユダヤ教徒です。その中で、安息日はキリスト教の日曜日ではなく、土曜日になっています。ある土曜日に、私の車のバッテリーが上がりました。困ってしまって、友人に「充電の電源を貸して」とお願いしました。すると彼は、「いやあごめん、僕はユダヤ人なんで、安息日に火をつけてはだめなんだ。それって、火をつけることになる……」。

「そうか」と諦めかけたら、「でも僕は、それほど敬虔《けいけん》な信徒ではないから、やってあげるよ」。そう言ってくれました。

許されるものなのか、許されないものなのか。善か悪か、罪か罪ではないか……。

例えば、朝、お母さんが子どもを送り出すとき、どう声をかけますか？

日本人は「行ってらっしゃい」とか「みんなと仲良くしなさい」でしょう。

韓国人は「一番になれ。負けるな」だそうです。韓国は競争。日本は共存社会。民族性が見事に表現されています。

欧米では「Be Good」と声をかけるのです。私がデートに出かけるときには、いつもそう言われました。「悪いことをするなよ」と表現します。「善悪」の精神で宗教的に深い意味を持つ表現です。

中国にはこの精神は微塵もない。中国では何と言うか。「だまされてはいけないよ」です。そこにあるのは「得か、損か」「有利か不利か」だけ。

したがって、中国人はそういうものだと、割り切って付き合ったほうがいい。中国人にとって「お金を持ってくる人はいい人」なのです。それを知っておかないと、たちまちだまされてしまうということを忘れないでください。その場合、だまされたほうが悪いのです。

「性悪説国家」中国の暴走

中国が、独自の宇宙ステーション建設のために打ち上げた大型ロケット「長征5号B」の残骸が二〇二一年六月九日、モルディブ近くのインド洋に落下したことがあります。当初、人口密集地に落下する可能性も指摘されていましたが、中国側はろくに情報公開しませんでした。でもこれは一歩間違ったら大惨事につながりかねません。中国の姿勢は、あまりにも無責任過ぎると思います。

欧米では、推進装置などを使って残骸を無人の海に誘導して落下させますが、中国はこうした制御をしていなかったというのが専門家の見方です。本来最優先すべき「安全性」を考慮していなかったとすれば、許されないことです。

オースティン米国防長官は「宇宙領域で活動する者は、安全で思慮深く行動する義務を負うべきだ」と批判し、米航空宇宙局（NASA）も「中国は責任ある基準を満たしていない」という怒りの声明を発表しました。当然です。

トランプ前政権は二〇一九年十二月、陸海空軍などと並ぶ六番目の独立軍として「宇宙軍（スペースフォース）」を創設しましたが、その意義は、中国のような「暴走国家」を止めるためだったのです。

その一方で、中国の当局者が他国を不当におとしめる発信を相次いで行っています。例えば中国外務省の趙立堅《ちょうりつけん》報道官は、日本政府が、東京電力福島第一原発の放射性物質トリチウムが含まれる処理水の海洋放出を決定したことに対し、葛飾北斎の浮世絵を模した画像をツイッターに投稿しました。画像には、防護服姿の人物が液体を海に捨てる様子が描かれています。

同様の処理水は、世界各国の原発が放出しているもので、日本も国際原子力機関（ＩＡＥＡ）が認めた方法で放出する方針を決めているものです。それなのに科学的な根拠を示さず、扇動的な表現で不安を高める手法は容認できません。

日本政府が削除を求めたのは当然で、その結果、翌日削除されましたが、これが国家を代表する外務省報道官の発信だとは良識を疑う事態です。意図的に日本のことだけを取り上げて揶揄する中国の報道官の行動は国際社会の常識から外れており、世界の中国への拒否反応を高めるだけではないでしょうか。

在日中国大使館が、ツイッターの公式アカウントに、アメリカを「死神」になぞらえて揶揄するような画像を投稿したことがあります。「アメリカが『民主』を持って来たら、こうなります」というメッセージとともに、星条旗をまとった「死神」が鎌を持ち、イラクやリビア、シリアなどと書かれた扉をノックする様子が描かれ、扉の奥から血が流れ出していたのです。アメリカが民主化を進めようとした中東の国々で流血の事態が起きているというメッセージを込めたつもりなのでしょうか。バイデン米大統領が中国の強権を批判し、民主主義の優位を強調したことへの意趣返しなのでしょうが、「品がない」などの批判が書き込まれ、投稿は削除されました。

もっとも、ネット上では以前から、五星紅旗（中国国旗）をまとった「死神」が、ウイグルやチベット、香港、台湾、沖縄、北海道と書かれた扉をノックしていく、似たようなイラストが出回っていました。でもこちらは「事実」なのです。これに対する〝反撃〟なのかもしれませんが、在日中国大使館という公的な立場にいる人間が行うのはたちが悪すぎます。民主主義国家による中国批判は、法の支配や自由などの普遍的な価値に基づいたものので、正当なものです。中国のように、悪意ある感情的な中傷とは根本的に異なります。

在日アメリカ大使館は「あの極めて不快なツイートに声を上げてくださった日本の皆さまに感謝いたします」と反応しました。単に感謝するというだけでなく、中国が日米関係に亀裂を生じさせる工作活動を展開していることに、警戒を呼びかける意図もあったはずなのです。

この本の発行元であるワックが二〇二一年の一月に出版した、中国によるウイグル人へのジェノサイドを扱った『命がけの証言』にも、中国大使館がツイートしています。ある女性がテロ活動の幇助をしていて、彼女の証言は「完全に捏造だ」と八月二十三日にアップしました。私はそのツイートこそ捏造だと思いますが。

一連の異様な発信の背景には、習近平国家主席の権力が一段と強まっていることがあると、私は考えています。習近平の指示への絶対的な服従が求められ、当局者が保身のために強硬姿勢を競うようになり、歯止めがかからなくなっているのかもしれません。

愛国主義が強い中国のネット世論も、これを後押ししていると思います。ツイッターは中国にとって、対外宣伝の格好の道具となっています。強引な海洋進出や不公正な貿易慣行などに関する国際社会の批判に対して反論する手段となっています。

でも、中国による暴走はこれで止まるとは思えません。今後もエスカレートする一方でしょう。「性悪説」で成り立っている国家には、最大限の警戒をする以外に、対応する方法はないのです。品位を欠いた振る舞いが国際社会の不信を高め、国益を損ねている現実を、中国は自覚すべきですが、それは無理な相談で、中国は変わらず突き進むでしょう。

中国の手先が日本に二十万人?

先ほど述べたように、性善説で育ってきた日本人は、「人間は、そんなに悪い人たちばかりではない」と考えるかもしれませんが、人間にはいい面も、悪い面もあるのです。例えば現在、日本には約百万人以上の中国人がいます。そのうちの五分の一くらいは何らかの形で中国当局のコントロール下にあるいう観測があります。それが正しければ、日本には「中国の手先」が二十万人以上いるということになります。

北京オリンピックのときに、聖火ランナーが長野を走りました。そこに中国人の留学生などが集まったのですが、彼らには中国当局から旗と旅費の切符が送りつけられていたのです。もちろん、誰に送ったかはチェックされていて、それに参加したかどうかも記録されているはずです。中国人留学生たちは行かないわけには行かない。そんな形で監視され、支配されています。

また、例えば早稲田大学にはいま二千五百人の中国人留学生がいるそうですが、これが大きな政治勢力になっていて、そこに「支部書記」を作ろうという動きもあるそうなのです。共産党の支部のことです。

事実、早稲田大学の某教授が慰安婦問題について「別の角度からの見方もあるのでは？」と多角的な論議を提唱したら、途端に中国人留学生がデモを展開し、「反動教授、断罪」と声を挙げたりして、某教授が窮地に追い込まれてしまったそうです。ある問題を様々な角度から検証するのは学問の鉄則なはずです。でも中国は、それすら認めず、圧力をかけてくるのです。

中国の自治区の一つである南モンゴルでは、母国語であるモンゴル語による教育が廃止され、中国語での教育が強制されるようになりました。モンゴル人留学生たちが日本で抗議のデモを展開したところ、そこに誰が加わっていたかがチェックされていて、モンゴルにいる参加者の親のところに連絡が行ったそうなのです。怖くなってデモへの参加を取りやめた留学生も少なくないとのことです。

日本社会で暮らす日本人は、こんな現実を知らないし、知っても「たいしたことない」と考えてしまいがちです。日本社会に対して、中国がどれだけの脅威を与えているかを理解できないからです。日本人には「悪いことは考えたくない」という心理も働いています。「不吉なことを思ってしまうと、それが実際に起きてしまう」という、一種の迷信のような心理です。

それもこれも、日本人の性善説のなせる業なのかもしれません。

沖縄は「中国の手先」の巣窟

面白い話があります。ある若者が基地反対運動に反対している人に尋ねられたそうです。

「あんた中国共産党でしょう？」

若者自身は決してそうではなかったけれど、反対運動のリーダーにその話をしたところ、何も言わずにニンマリ笑っていたというのです。真偽のほどは定かではありません。しかし沖縄の米軍基地建設反対運動に中国の手が入っていて、資金も中国共産党から出ているのではと言われています。

「辺野古基金は平成二十七年四月、普天間飛行場の辺野古移設阻止活動への支援や移設反対の世論喚起などを目指して設立されました。共同代表者八名は、報道写真家の石川文洋氏、金秀グループ会長の呉屋守將氏、作家の佐藤優氏、俳優の故菅原文太さんの妻菅原文子氏、ジャーナリストの鳥越俊太郎氏、沖縄ハム総合食品会長の長濱徳松氏、沖縄県嘉手納前町長の宮城篤実氏、映画監督の宮崎駿氏です。

表向き、資金は日本人及び日本企業や団体から集めていますが、沖縄の大手企業などを介して、中国マネーが流れ込んでいるという大きな疑惑があります。もちろん、それ以外に中国の工作員や協力者に直接資金を提供していることも多々あるでしょう。沖縄の反基地運動の活動家のバックには、中国の影響が大きいのです。

中国は大軍拡を図りながら、尖閣諸島を「核心的利益」といって、虎視眈々と狙っています。さらに、沖縄についても自国の領土だと公言しています。その戦略を阻止しているのは在日米軍と日米安保条約の存在です。もしも日米安保条約が破棄されて、在日米軍が引き上げてしまえば、尖閣諸島はあっという間に中国の領土になり、五年もしないうちに沖縄本島まで侵略されてしまうでしょう。北海道も危ないかもしれません。

私はテレビ朝日の『朝まで生テレビ』で、沖縄の「反基地活動家はプロ市民であって、給料をもらっているんだ」と言ってしまいました。深夜番組だからか、その時は話題になりませんでしたが、テレビ局側は私の発言を止めて、すぐコマーシャルに切り替えました。早かったです。

私が、「だってあの人たち、給料をもらっているんですよ」と言ったら、田原総一朗氏が、「えー、お金もらっているんですか？」と聞いてくれました。

「そうですよ」

「いくらもらっているんですか？」

「一日二万円ぐらいです」

「どこからもらっているんですか？」

「間接的にですけど、中国共産党からですよ」

と話が続いたところで、すぐコマーシャルになったんです。

マスコミは組織的に沖縄に関する虚偽の報道をしたり、重要な情報を報道しなかったりしています。沖縄県民集会がその最たる例です。

沖縄県知事の故翁長雄志《おながたけし》の追悼式も兼ねて、辺野古への基地移設阻止を目指す「県民集会」（主催：辺野古新基地を造らせないオール沖縄会議、二〇一八年八月）が沖縄県那覇市奥武山陸上競技場で開催されました。「土砂投入を許さない！　ジュゴン・サンゴを守り、辺野古新基地建設断念を求める」がテーマでした。私はその多くが、全国から集まった左寄りの労働組合員だったのを目にしました。大半は沖縄県民ではなかったのです。

ＮＨＫをはじめとする大手メディアは、この日のニュース番組で「那覇で七万人の県民集会」と報じました。実際の参加者は一万人未満と言われており、驚くべき水増しです。「一万人すらいない」というのが私の見解です。どうやら日本のメディアは、この手の集会の参加者数について、「主催者発表」とさえ言えば、どれだけ荒唐無稽な数字を報じても「免罪される」と考えているようです。

ＮＨＫは二〇一八年八月十七日（金）に「時論公論」というニュース解説番組で、「沖縄県知事選挙へ　辺野古移設の行方は？」と題した番組を放送しました。出演した西川龍一解説委員は「沖縄では多くの県民が翁長氏の死を悼み、先週末開かれた辺野古移設阻止を目指す県民集会には、七万人が参加しました」と言いました。ついに「主催者発表」という言葉さえ省いて、参加者数を断定的に報じたのです。八月二十日現在、ＮＨＫの公式サイトにも掲載されていました。ところが、これについて私が『虎ノ門ニュース』などで指摘した結果、なんとＮＨＫは二十四日までにそこにこっそり「主催者側の発表で」と付け加えたのです。

現地の大手新聞である『沖縄タイムズ』も『琉球新報』も、この事実を報道しません。この二紙を読んでいる限り、「沖縄県民全員が基地の存在に反対している」かのように思い込んでしまいます。そして「こんなに基地に痛めつけられているのなら、むしろ中国に編入されたほうがいいのかも」と考えるようになりかねません。陰に隠れてそれを操っているのは、もちろん中国でしょう。

現地紙だけでなく、本土のメディアも偏向情報を流しています。県民集会に関して、日曜日の朝、ＴＢＳで放送される報道番組のキャスターは「沖縄県民の民意が固い」と言い切りました。これは、取材能力のなさを象徴しているのか、それともＴＢＳ報道局の偏向性（反日・反米姿勢）を象徴しているのでしょうか。

同様に、沖縄本島北部練習場へのヘリパッド移設への反対デモでは、数々の違法行為がインターネットで報道されていますが、日本の主要メディアは、これを報道しようとしません。

しかし、私が思うには、反米、反米軍、反基地、反日活動よりも深刻な問題があります。米国の有力シンクタンク「戦略国際問題研究所（ＣＳＩＳ）」が発表した調査報告書「日本における中国の影響」にある「中国の沖縄工作」が注目されています。二〇一八年から二年間かけて、約四十人の専門家にインタビューするなどしてまとめられた約五十ページの中では、「中国の沖縄工作」にも多くの文字数を割いています。抜粋して引用します。

「すでに中国国内では、『琉球帰属未定論』に関心を持つ大学やシンクタンクが中心となって、『琉球独立』を標ぼうする我が国の団体関係者などとの学術交流を進め、関係を深めている。こうした交流の背後には、沖縄で、中国に有利な世論を形成し、日本国内の分断を図る戦略的な狙いが潜んでいるものとみられ、今後の沖縄に対する中国の動向には注意を要する」

ジャーナリストで日本沖縄政策研究フォーラム理事長の仲村覚氏が産経新聞で発表した内容を紹介しましょう。

「中国が日本政府を飛び越して、沖縄県と直接、『尖閣諸島と東シナ海の共同開発』を提案し、玉城デニー知事がこれを受け入れた場合、どうなるでしょうか？

常識的には、外交権は日本政府に属する。沖縄県には外交権がないから不可能です。しかし、国連では、沖縄の人々を先住民族として、その権利を保護すべきとの勧告が二〇〇八年以来、五回も出されています。琉球独立派は、国連人権理事会などに『琉球の自己決定権がないがしろにされた』『中国と沖縄の外交を認めよ』と訴えかねません。国連も『琉球・沖縄の権利を保護せよ』と、日本政府に勧告を出す危険性があります。

万が一、日本政府が妥協して、沖縄が中国と独自外交を展開することになった場合、その先がどうなるかは語るまでもないでしょう。中国の思惑通りではありませんか」

人権侵害大国の中国が沖縄の「人権問題」を指摘して、論点をそれに摩り替えようとするのは、「人権」という「徳の言葉」を悪用した毒々しいプロパガンダ手法であって、絶句させられるブラックジョークです。

中国が「基地反対運動」を通じて沖縄に介入しようとするのは、いうまでもなく沖縄県民の「心」をアメリカと日本から離反させ、中国びいきを育てようとする意図からです。

日本の公安調査庁は二〇一五年と一七年の年次報告書の中で、沖縄の世論を分断する中国の影響力について問題提起しています。特に一七年の報告書では、「中国が沖縄を〝琉球〟と呼ぶことを奨励している」と紹介しています。「中国と日本の二重統治時代の歴史を目覚めさせ、日本の主権から引き離したいという」意向だそうです。

また一五年の報告書では、『人民日報』が「沖縄に対する日本の主権を疑問視する」論文を度々掲載していることを紹介し、中国の影響に警告を発しています。「沖縄の世論に影響を与えて沖縄の独立を促したり、米軍を追い出したりすることで沖縄の動きに影響を与えるというような隠密ルートもある」と慶応義塾大学の細谷雄一教授は語っています。

沖縄県民の「中国嫌い」をひっくり返したい中国

しかし、こうした中国の工作にも関わらず、沖縄県民は、必ずしも中国に好意的とは言えず、また決して「反米ばかり」とも言えないのです。

二〇一五年に沖縄県の知事室が行った県民へのアンケート調査があります。まず基地問題に関しては、「基地問題は本土の人たちに理解されているか」の設問では、「あまり理解されていない」「まったく理解されていない」が合わせて八二・九％と、確かに沖縄が「かやの外」に置かれている状況が浮かび上がっています。

しかし、「関係国への親近感」では、対アメリカの場合、「親しみを感じる」と「どちらかといえば感じる」を合わせて五五・五％なのです。一方の中国に関しては、両方を足しても一〇・三％しかありません。むしろ「親しみを感じない」が三三・二％、「どちらかといえば感じない」は五四・九％もいるのです。合計八八・一％ということは、大多数が「中国嫌い」というのです。

そして「日米安保条約は日本の平和と安全に役立っていると思うか」の設問では、「役立っている」「どちらかといえば役立っている」が合計五六・八％。つまり日米安保条約を支持する沖縄県民が過半数になっているのです。

県内メディアが連日のように報じる「米軍に圧迫される沖縄県民」の姿を、どう解釈すればよいのでしょうか。

また同じ沖縄でも、島嶼部ではより中国との対決姿勢が鮮明で、石垣島など、中国の脅威に直面している八重山地区では、行政トップも現地メディアも、尖閣諸島をはじめとする南西島嶼の日中間紛争に危機感をつのらせています。石垣市の現市長は、数年前から続いていた反対運動に異を唱え、自衛隊基地の建設を受け入れました。地元メディアの『八重山日報』が、中国の脅威を報道しています。

つまり、現実の危機にさらされ、それを意識すればするほど、中国嫌いになるということです。それなのに左派メディアは中国に毒され、現実とかけ離れた報道をしているとしか、私には思えません。

二〇二一年六月、「虎ノ門ニュース」の私の番組に、在日米軍の広報部長と、日米地位協定を管理している事務局長の二人が出演してくれました。「日米地位協定については日本国民の間にいろいろな誤解があるから」と、それを正すために出演してくれたのです。彼らは言います。

「私たちアメリカ軍は、日米安保条約に基づき、その第五条において、日本を守ること、そして地域全体の安定と安全を守るために、日本にいるのです。そういう条約を日本と交わしています……」

そして第六条に、その具体的方法論を定めた「日米地位協定」があり、「米軍は第五条に基づいて日本を守る。そのために米軍の基地を日本に置き、日本がそれに協力する」と定められているのです。

二人は明確に名指ししませんでしたが、仮想敵国は中国です。尖閣諸島と台湾周辺海峡は緊張に包まれています。二人は「この周辺から目が離せない」と語っていました。

日本の自衛隊は、その少し前に米軍、フランス軍と合同演習を実施しました。日米仏が共同で行うことについて意見を求めたところ、彼らは「条約に基づいて任務を果たすためにヨーロッパも協力してくれている」と答えてくれました。

それだけ、中国がヨーロッパ諸国についても〝脅威〟になっているということです。そんな状況のもとで、肝心の日本国民の一部、沖縄の人たちの一部が「基地反対」を叫ぶ。人間の意見は人それぞれでいいと思いますが、少なくとも「沖縄にとって米軍の存在とは？」「そして中国の動きとの関連は？」などを、冷静に見つめ、整理して考えたほうがいいと思います。

LINEを通じて個人情報が筒抜け

二〇二一年三月、中国・大連にあるLINEの関連会社で働く中国人スタッフが、利用者が書き込む日記式の「タイムライン」の書き込み、画像、動画を監視していたことが発覚しました。

LINEは、日本国内で月間八千六百万人が利用しています。コミュニケーションのツールとしてだけでなく、「LINEペイ」などの決済サービスにも使われています。しかも住民からの相談や納税などにも応用されていて、自治体の公式アカウントも九百以上にのぼります。

その直前、LINEはヤフーを傘下に持つ「Zホールディングス」と経営統合し、利用者総数三億人という巨大な情報プラットフォーマーになっていたのです。

それまで「LINEのデータ管理やアプリ開発は日本国内だけで行われている」と発表されていましたが、実際は中国企業が、「不適切な書き込み」の監視支援ソフトや、アプリのAI関連機能やアバター機能、翻訳機能などを開発しているそうです。

そしてＬＩＮＥのＩＤや銀行口座、電話番号や書き込み情報などの個人情報は、中国側からアクセスし放題だというのです。

個人情報の漏洩で、登録した金融機関の口座情報などが漏れると、個人の財産が奪われる危険性があります。それだけでなく、情報のやり取りを通じて、個人の嗜好や思想傾向が把握されてしまうことが怖いのです。

中国には「国家情報法」があります。どんな機関も企業も、国家の諜報活動に〝協力〟することが義務づけられています。〝協力〟とは、どんな情報も包み隠さずに差し出し、拒否することはできないということです。ＬＩＮＥは「情報が中国政府に提供されたことはない」と否定していますが、それを額面通りに信用するわけにはいきません。

八千六百万人の日本のＬＩＮＥユーザーのほとんどが、この危険に気づかずに使っています。ユーザーには一般市民だけでなく、中には政治家や経済人、高級官僚もいます。

中国政府は自国民だけでなく、「監視」が必要だと考えた外国人の個人情報をまとめたリストを作っています。これには個人の生年月日や出身地、学歴などをはじめ、趣味、性的指向、犯罪歴、言動などが、長年にわたって記載されています。習近平はこれを使って、政敵だった薄熙来《はくきらい》を追い落としたことは有名です。

もし、中国がこうした個人情報を使って弱みやスキャンダルを握り、日本の政治家や経済人、マスコミ関係者、ジャーナリストなどを「恫喝」したらどうなるでしょう。日本国内の治安や社会情勢に大きな影響を与えることもできるし、場合によっては安全保障に直結する事態が起こらないとも限らないのです。

この問題に詳しい友人は、「LINEも問題ですが、それ以上に注意しなければならないのは、中国テンセントが運営する『ウィーチャット（WeChat）』。これを使っていると間違いなく捕捉され、書き込みやメール内容はすべて筒抜けになっていると考えるのが無難ですね」と、話してくれました。

情報も「専守防衛」では日本を守れない

中国の日本に対する悪質な手口として、脅迫が挙げられます。この意味で私は、沖縄ほど中国工作員がやりたい放題に暗躍できている地域はないと考えています。基地反対の横断幕に中国語やハングルの文字が踊っていることは前述しましたが、沖縄県庁の職員には様々な手段で中国側に個人情報を握られ、ハニートラップにかかったりして、それをネタに脅されている人が相当数いると噂されています。

彼らは中国本土に行く機会が多く、相手先から女性を提供されて〝接待〟されるらしいのです。それを隠しカメラで撮られて脅される。するとびくびくして、中国の言うことを聞くようになるというのが、一般に言われている中国のやり方です。

ハニートラップにはまった典型例として、二〇〇四年、上海総領事館駐在の日本人電信官自殺事件があります。彼は、中国当局と思われる人物からハニートラップを使ったスパイ工作を仕掛けられ、脅迫された末に死を選びました。彼が狙われたのは電報の暗号コードを知っていたからだそうです。遺書には脅迫によって精神的に追い詰められていく経過に触れていたそうですが、耐えられなくなって死を選んだのでしょう。

ハニートラップではありませんが、二〇一九年、中国史学者で北海道大学教授の岩谷將《のぶ》氏が、北京で開催された会議に出席中に「スパイ防止法」に基づき拘束されました。岩谷氏は大量の「機密情報」を収集したことを自供したと報じられた後、釈放されましたが、仔細は不明です。岩谷氏は中国国務院付属研究機関の中国社会科学院近代史研究所（CASS）の招きで北京に赴いたのですが、同研究所が提供する施設に滞在していた岩谷氏に、どうやって情報収集が可能だったのでしょうか？　また歴史の研究家である同氏が「国家機密」を探る意味がどこにあるのか？　疑念はつきません。「中国政府は、やりたいことは何でもできる」ということを見せつけるために、同氏を拘束したのではないかと勘ぐりたくなるほどです。

そこで中国問題を専門とする日本の学者グループが公開書簡で、中国に拘束理由の説明を要求したのですが、明確な回答はありません。そして岩谷氏の逮捕以来、多くの日本人学者が中国への研究旅行をキャンセルしています。

これは氷山の一角にすぎません。二〇一五年以降、十五人の日本人が中国国内で「スパイ行為」の名目のもと捕らえられ、いまなお八人が裁判中か服役中だと聞いています。でも日本政府はこの事実を公表していません。したがって国民は、その事実を知りません。

沖縄に話を戻します。現代の〝戦争〟は「サイバー戦争」から始まると言われています。情報も「専守防衛」の姿勢では、日本は守れないのです。それなのに、日本の最重要地点である沖縄で、中国に情報が筒抜けだとしたら、サイバー戦に勝てるはずがありません。

東日本大震災のときでさえも、東京は停電しませんでしたが、私はそのときに思いました。

「サイバー攻撃で電源を攻撃されたら、日本はどうなるんだろう？　もし東京が停電してしまったら、日本中が凍りついて動かなくなる……」

サイバーセキュリティに関しては、日本は世界でも有数の「脆弱な国」なのです。それを補正していくために国も自治体も、体制を固めなければなりません。沖縄は職員の姿勢を洗い出して、中国の影響を分析することから始めなければなりません。

そこで、政府は二〇二一年七月七日にサイバーセキュリティ戦略本部の会合を首相官邸で開き、次期「サイバーセキュリティ戦略」の方針を示した原案を決定しました。サイバー攻撃を行っていると疑われる国家として中国、ロシア、北朝鮮を始めて明記したし、アメリカやオーストラリア、インドなどと連携して対処する方針を示しました。サイバー攻撃から日本の安全保障上の利益を守るためとして、防衛力や抑止力のほか、サイバー空間での動きを捉える「状況把握力」を強化することを掲げています（二〇二一年七月十七日、産経新聞）。

あわせて、法整備、つまり「スパイ防止法」が絶対必要です。これについては後述しますが、日本は先進国では唯一、スパイ防止法がない国で、スパイ行為が明らかでも、それだけで取り締まれる法律がないのです。「特定秘密保護法」などはありますが、スパイという犯罪行為の定義が明確でないから、結局、うやむやのうちに無罪放免になってしまいがちなのです。結果的にスパイを仕掛ける側からすれば費用対効果、つまりコストパフォーマンスがとても高い国なのです。したがってスパイもプロパガンダもやりたい放題です。

いまの日本には、情報を集める組織の整備と、取り締まりのための法律整備が明らかに国家の急務であることに、異論の余地はありません。

第二章

世界を支配したい
中国のプロパガンダ戦略

独裁者ほどプロパガンダを武器にする

私は「いま中国を止めないと人類に未来はない」とまで考えています。「人権」も重要ですが、それが最優先課題ではない。まず軍事の問題、ＡＩや宇宙技術、サイバーテロなどの技術面の問題です。

巷間、中国の軍事力の急増が話題になりますが、実は中国人民解放軍は「張子の虎」だという説があります。一人っ子政策で生まれた子どもたちは過保護に育っているので、「お国のために命を捧げる」なんて考えがない。親もそんなことを望んでいません。だから人民解放軍の志気は高くないと思っています。ただ、それを補う目的で、愛国主義を全面的に打ち出し、国民を洗脳するために、「国民総動員法」を制定しました。人権無視のとんでもない法律です。

実はこれは、民衆が国を信じていない結果なのです。だから国家も、民衆が怖い。そこで、あの手この手のプロパガンダを使って、民衆を監視し、洗脳し、扇動しようとしているわけです。

こんな中国の戦略に対抗するために、二〇二一年六月のＧ７（先進国首脳会議）では、「一帯一路に代わるものを作ろう」という提案が採択されました。ただ、これが実現できるかどうかとなると、それは疑わしいと思います。

なぜかというと、中国は相手国に賄賂攻勢を仕掛けますが、途上国はこの賄賂攻勢に負けてしまうからです。一方、アメリカの場合は、企業も個人も、一九七七年に制定された「連邦海外腐敗行為防止法」により、賄賂を払っても受けても罰せられます。よくあるのは、過剰な接待でも、厳しく取り締まられます。ヨーロッパも日本も賄賂攻勢はできません。でも中国では賄賂は公然の秘密。バレなければ問題にならないというのが現実です。

世界を「借款」で買う

賄賂とは言えないでしょうが、中国は「借款」で世界を買っています。例えば二〇二〇年の世界保健機関（ＷＨＯ）による台湾の参加拒否問題はその一例。習近平は、露骨にカネで批判をかき消す思惑を示しています。

ことの詳細はこうです。ＷＨＯの年次総会で、焦点だった「台湾のオブザーバー参加」

が見送られました。「世界全体で、新型コロナウイルスの難局を乗り越える」という願いはかなわず、習近平主席が冒頭でスピーチするという「露骨な政治的演出」だけが記憶に残った大会でした。

その時点で台湾は、新型コロナウイルスの徹底的な水際封じ込め対策で成功し、感染者・死者数ともに低水準にとどめた国だったのにも拘《かか》わらず、です。日本をはじめ、世界各国で発生したマスク不足も、台湾では身分証番号による配布で解消しました。

その経験・知見は世界が学ぶべきものです。世界の公衆衛生や防疫メカニズムに抜け穴があってはならないはずで、そう考えると、台湾を総会に参加させない理由などないはずです。でも中国が外交工作で妨害したのです。

台湾の呉釗燮《ごしょうしょう》外交部長は「中国がWHOをコントロールし、干渉する力は非常に強い」と強い不満を示しました。それどころか、中国は台湾に対するワクチン供給も妨害しているのです。二〇二一年五月末、ウイルス情勢が逼迫した台湾の蔡英文総統はワクチン購入について「ドイツメーカーとの交渉がほぼ完了していたが、中国の介入により契約できなかった」と語りました。

当時のトランプ米大統領も、「中国の操り人形になっている」とWHOの姿勢を強く非難しています。不満の表明として、アメリカはこれまで、ＷＨＯに年間四億ドル（約四百四十億円）も拠出してきましたが、中国の分担金と同額程度の十分の一への減額を検討したほどです。

でも習近平はどこ吹く風。「中国は透明性をもって情報を提供してきた」と自画自賛したうえで、今後二年間で二十億ドル（約二千二百億円）をＷＨＯに拠出する方針を明らかにしたのです。

そもそも、新型コロナウイルスをめぐっては、中国の初動対応の失敗と、隠蔽疑惑が指摘されています。それに寄り添うように「中国ベッタリ」と揶揄されるＷＨＯのテドロス・アダノム事務局長もいます。彼らの責任は重大なのですが、習近平の発言には「カネで批判をかき消したい」という思惑が透けてみえます。中国とはそういう国なのです。

トランプ前大統領は以前から、「グローバリズム」を批判し続けてきました。アメリカの国益を守るためには、実に現実的な主張です。中国が国際機関をカネで買うようなマネをして、世界の批判を寄せ付けないのであれば、「グローバリズムのツケ」が回ってきたと言わざるを得ないからです。グローバリズムという理想に、中国のような共産主義国家を入れること自体に無理があるのです。

台湾というコロナ対策の〝優等生〟が参加できず、独裁国家の意見を多くの国が支持する世界などは、誰も求めてはいないはずです。だけどWHOで起こっていることは、他の国際機関でも起こり得ることなのです。

WHOの〝台湾無視〟を報道しない日本のマスコミ

このWHOの〝台湾無視〟について、日本のマスコミはあまり報道してきませんでした。〝独裁国家〟中国を擁護するマスコミなどに存在価値はない、私はそう思っています。

そもそも新型コロナウイルスの感染拡大については、米国メディアが報道したのが発端です。まずFOXニュースが、中国湖北省武漢市にある研究所が、新型コロナウイルスの感染源だと報道し、次いでワシントン・ポストも、米国側が複数回、研究所の安全性に問題があるという警告を行っていたと報じています。CNNやAP通信も関連する報道をしました。

この一連の報道を受けて、トランプ大統領はアメリカ当局が調査中であることを認めたうえで、「中国が故意に（感染拡大を）引き起こしたのなら報いを受けるべきだ」「彼ら（＝

中国側）は多分、まずいことが起きていると知りつつ（公表するのが）恥ずかしかったのだろう」と記者会見で語ったほどです。

もちろん、中国外務省や研究所側はこうした疑惑を完全否定していました。ただ、初動対応で失敗し、情報を隠蔽した中国を信用できるはずがありません。武漢市当局は、新型コロナウイルスによる死者数を当初、二千五百七十九人と発表していたのに、すぐに約一・五倍の三千八百六十九人だと訂正しました。千人単位の死者数訂正など、他の国ではありえません。その科学的根拠は、一切、明らかにされないままです。

しかもその後、WHOの現地調査に対しても拒否し続け、ようやく調査が実行されたのは発生から一年も経ってのことです。しかも、その結果は「シロ」。ここにはWHOと中国当局の〝馴れ合い〟もあります。完全に証拠を隠滅した上での調査では、事実の解明など、できるはずがありません。

中国が発表する数字の曖昧さは、一九八九年の天安門事件の推定犠牲者にも表れています。欧米の機関の調査では一万人以上とされている死者数を、いまだに三百十九人と「過少申告」している国なのです。天安門事件はあの時代の国内事案だから隠蔽可能でしたが、新型コロナウイルスは中国から世界各国に広がったものです。さすがに隠しきれなかったのでしょう。

しかも、世界が賞賛した台湾の防疫対策を完全に無視しているのです。台湾保健当局者は二〇一九年十二月、武漢市で広がっていた感染症（新型コロナウイルス）について、「人・人感染の恐れがある」とWHOに警告していたというのに、「中国べッタリ」と揶揄されるWHOはこれを無視したのです。

本来、エビデンスを重視すべきWHOが政治的判断をしたとすれば、許されることではありません。その後も、WHOは「渡航や貿易を制限する理由は見当たらない」などと、中国擁護の姿勢を取ってきました。WHOはもはや国際機関としての体を成していないどころか、「中国の手先」と非難されても無理からぬ機関です。

米ジョンズ・ホプキンズ大学の集計によると、二〇二一年七月末時点で、世界全体で新型コロナウイルスの感染者数は二億人近く、死者は四百万人以上と、驚くべき数字に上っています。中国の責任追及を怠ってはいけません。

ところが、日本のマスコミは、目先の感染者数や死者数は報道するものの、こうした中国の隠蔽工作の実態をほとんど取り上げていません。これも中国のプロパガンダに洗脳されているからです。世界中にウイルスをばら撒き、その責任をほおかぶりする独裁国家の肩を持つような日本のマスコミに、存在価値はありません。

「新型コロナ禍」を逆利用する悪どさ

ＷＨＯを抱き込んで善人面をしている中国は、コロナワクチンの援助もプロパガンダに使っています。

コロナの源は武漢研究所ではないかとアメリカの世論が沸騰したとき、「武漢ウイルス」という名称で〝中国由来〟を強調するのは人種差別的だ」という声が出てきました。人種差別であると同時に、「科学的根拠がない」という意見も出てきました。

そこでフェイスブックは、そんな発言自体をブロックしました。「武漢の研究所由来説はトランプが発したので、彼がまたフェイクを発している」という考え方からです。これも背後で中国が画策しています。

それを解除するにはどうすればいいのでしょうか。抗議してもどうにもならないので、まったく関係のない意見を織り交ぜて、言いたい記述を交互に入れておく。そうしないとマークされて、閲覧できなくなってしまう。特にユーチューブではキーワードが重要になります。

いっときは「トランプ」や「バイデン」という固有名詞だけでもNGでした。AIがそれをマークしてアウトにしてしまうのです。仕方なく「Tさん」とか「Bさん」と表現するほかなかったのです。梅さんとか寅さんとかにするのと同じです。

トランプやバイデンの批判だけではありません。彼らのことを褒める内容でも、どちらもだめ。一方の立場からの政治的意見を投稿すると、反対派からのクレームが舞い込みます。そこで炎上したりすると、AIがそれを教訓として、自動的にブロックしてしまうのです。

残念ながら、それが中国の画策によるものという証拠は、まだ確認されていません。しかし、「背後に中国によるサイバー攻撃がある」というのが専門家の見解で、中国にはそれを専門に担当するサイバー部隊があるというのは、もはや常識になっています。

「慰安婦」も同じです。韓国に対して不利な意見を出すと、韓国人たちが一斉にクレームをつける。SNSはそういうクレームに弱いのです。

SNSだけではありません。日本の企業も、十人もクレームが来たら、SNSに出しているその企業の広告を打ち切ってしまうのです。実に厄介です。放送局も同じですが、リベラルな内容に関するクレームが来ても殆ど無視するのに、保守的な発言にはとても敏感で厳しいのです。

言論の自由を阻害する中国の悪逆非道

今回のコロナ禍は、中国の負の側面を世界中の人々に見せつけました。新型コロナウイルスの危険を真っ先に警告した武漢の眼科医・李文亮氏は、「悪質なデマを流布させた」として当局に束縛され、挙げ句の果てにコロナ感染で死亡しました。言論の自由を奪われたことはもちろん、彼の死因についても「口封じではないか」という憶測が流れたほどです。

真偽のほどはわかりませんが、そう疑われても仕方ありません。彼のような内部告発者の口を封じた結果、世界は言論の自由を規制する中国の実害を目の当たりにしたのです。

巧妙なメディアキャンペーンや、給料をもらって作業するオンライン部隊、自動化された「ボット」(自動的にタスクを実行するアプリケーション)が発するメッセージは、発生源、深刻度、拡散状況など、中国がコロナウイルス大流行に関する真実を世界だけでなく、自国の国民からも覆い隠すという事実を白日のもとに晒したのです。

トランプ政権のポンペオ国務長官は、「中国では医師やジャーナリストが新しい病気の危険性を警告すると、共産党が彼らを黙らせて消し去り、死亡者数と大流行の程度について虚偽の報告をする」と、中国共産党の悪質なプロパガンダを告発しています。

世界は、地球上の全人類に悪影響を与えた中国を許してはいけません。「のど元過ぎれば……」などという曖昧さで、忘れ去ってしまうわけにはいかないのです。

その一方で、「中国のプロパガンダはヨーロッパや中東、南米などの国々を中傷している」と『ブルームバーグ』のアンドレアス・クルース氏は述べています。

それによると、「フランスでは、中国大使館がウェブサイトで『フランスの老人ホームは高齢者を死なせている』と激しく非難している」、「イタリアでは中国のソックパペット(偽のオンラインユーザー)によって、『コロナウイルスが実際には欧州で発生した』という噂を拡散したり、ビデオを改ざんしてローマ市民が感謝とともに中国国歌を演奏しているように見せた」「ドイツでは中国の外交官たちが政府関係者たちに中国を賞賛するよう求めた」などという例を挙げています。

習政権は全世界に謝罪せよ！

新型コロナウイルスは、世界中での爆発的感染をよそに、発生国の中国ではいち早く〝強引に収束〟させてしまいました。しかし、最初の感染者発見以来、隠蔽に隠蔽を重ねてきた国家の〝収束宣言〟など、とても信じるわけにはいきません。

百歩譲って、本当に収束できたのだとしたら、全人類のために、中国はその具体的な方法を公開すべきです。だが、中国にはその気がないようです。

中国が初動対応に失敗し、情報公開が遅れたせいで、世界中で多くの人命が失われ、経済も大打撃を受けているのです。いまだに医療物資が不足し、医療が逼迫している国も少なくないのです。こうした国々に対して、発生国である中国は重大な責任を負っているはずです。中国がまず行うべきは「全世界への謝罪」であり、それから、収束へのアイデアを丸ごと公開すること以外にありません。

ところがそれと正反対に、国営の新華社通信は、「世界は中国に感謝するべきだ」という驚くべき論評記事を掲載したのです。入国制限措置をとっていたアメリカを批判するとともに、「世界に感染が拡大したのは、中国の経験や教訓を重視しなかったからだ」と主張し出したのです。「盗人たけだけしい」とはこのことです。

しかも中国の趙立堅報道官は、「新型コロナウイルスは、米軍が武漢に持ち込んだものかもしれない」などと、何の根拠も示さずにツイッターで責任転嫁のような発信をしています。二〇一九年十月に武漢で開かれた「軍事オリンピック」に参加した米軍が新型コロナウイルスを持ち込んだという噂がSNS上で広がったのですが、同報道官が個人のツイッターでのこととはいえ、ネット上の単なる噂に過ぎない「米軍持ち込み説」を政府を代表する高官がつぶやくなんて、「軽率」どころではありません。

もちろん、彼は確信犯です。「アメリカが新型コロナウイルスを理由に、中国への圧力を強めるのなら、対抗する準備がある」と脅しをかけているのです。開いた口がふさがらないとは、このことです。「隠蔽」と「責任転嫁」をお家芸にする共産党独裁国家らしい〝蛮行〟振りが、如実に表れています。

世界はこのことを、決して忘れてはなりません。コロナ禍が一段落したら、中国の責任を徹底的に追及しなければなりません。

トランプ前米大統領は大統領選挙期間中、ノースカロライナ州での共和党集会で演説し、新型コロナの甚大な損害について、「世界が結束して中国に賠償請求すべきだ」と訴えました。実際に賠償を取るのは不可能かもしれませんが、厳格に向き合わない限り、中国はまた「あの手この手」で、世界を攪乱《かくらん》するに違いありません。

WHOは中国のプロパガンダ機関

WHO（世界保健機関）の調査団が武漢に入り、経過の調査を行ったのは、二〇二〇年三月、発生から一年以上も経ってからのこと。「武漢発祥とする根拠がない」と疑惑を否定しました。でも中国の息がかかったWHOが、しかも時間が経ってから〝調査〟をしても、真実にたどり着けないのは、初めからわかっていました。いやそもそも、たどり着こうとする気持ちすらなかったのではないと思っています。

だいいち、証言者が現れるかどうかも疑わしい。内部告発者が抹殺されている可能性もあります。前述したように新型ウイルスの存在を最初に告発した眼科医は、自ら新型コロナにかかって亡くなったと言われています。「コロナウイルスの由来はコウモリだ」と最初に指摘した武漢研究所の女性研究員・石正麗氏も、表舞台から消えてしまいました。

繰り返しますが、初期の段階で詳細な情報を全世界に発信しておけば、全世界の科学者はそれに基づいて、もっと早くワクチンを開発できたでしょうし、政治家ももっとじ上手な対応ができたはずです。世界中をロックダウンさせてしまったのは、すべて中国の隠蔽体質によるものです。それは、偶発的にしろ故意にしろ、武漢でウイルスが発生してしまったということは中国共産党にとっての恥だからです。

少なくとも、あの時点で発表し、対策を取れと世界に広めておけば、中国人がアメリカ大陸に渡航して新型コロナが蔓延するのを防ぐことはできたはずなのです。

結局、ＷＨＯの調査で、新型コロナウイルスは武漢が発生源とは確定できないと結論づけられました。これを聞いて、日本の「国連信者」は、「やはりそうでしょう」と、考えたかもしれません。

しかし、これを鵜呑みにしてはいけません。確かにＷＨＯは国連の機関ですが、中国が完全に牛耳っています。ＷＨＯの発表は、中国のプロパガンダをそのまま広めたに過ぎないのです。

テドロスも中国に弱みを握られている？

ＷＨＯのテドロス・アダノム事務局長については、コロナ以前から「とかく中国寄りだ」と批判を浴びていました。中国と親しい証拠に、彼には中国名があって、「タン・トゥサイ」というそうです。

「一帯一路政策」をとる中国政府は、アフリカに多くの支援をしていますが、最大の援助対象国が、彼の母国エチオピアです。

テドロス事務局長は母国でも衛生局長などを歴任しましたが、南スーダンとエチオピアでコレラが発生したときにも隠蔽工作をしていると、友人である中国出身の作家・楊逸《ヤンイー》さんが教えてくれました。隠蔽は、今回の新型コロナウイルスが初めてではないのです。

楊逸さんは中国出身者で初めて芥川賞を受賞した人で、文化大革命で悲惨な体験を味わいました。「習近平政権の横暴ぶりは文化大革命よりひどい」と、中国を〝世界に愛される国に戻す〟ために、いろいろなメディアで発信を続けています。

そしてテドロスは母国の外務大臣を経てＷＨＯの事務局長に就任するのですが、ここに中国共産党の強力な後押しがあったというのは有名な話です。

楊逸さんは「新型コロナウイルスという災厄について、中国共産党独裁政権はもちろん、テドロスの責任も追及しなければならない」と語り、「テドロスは当初から新型コロナウイルスの拡散を知っていて、隠蔽策も含めて中国から、指図されていたのではないか」と推論しています。

テドロス事務局長は公式の場で発言するたびに、「中国は素晴らしい」「いい仕事をしている」と中国を礼賛しました。コロナという悲劇を引き起こした中国を褒め讃え、「ほかの国も中国の経験に学ぶべきだ」などと言い放つ。

「おそらく、なんらかの袖の下が中国から流れているはず。弱みを握られているに違いありません」と、楊逸さんは語っているほどです。

武漢ウイルスは故意ではなかったのか?

さて、武漢ウイルスに関しては、「事故ではなく故意に世界に広めた生物兵器だったのではないか?」という憶測が消えていません。普通に考えれば、「ウイルスは生物兵器には適してないという」考え方もあるので、この説は一概に承服できません。生物兵器というからには、兵役年齢の世代をターゲットにするはずのものですが、武漢ウイルスは高齢層により大きなダメージを与えるものだからです。

しかし、経済を完全に破壊しかねないほどの効果をもたらしたことは、生物兵器としては役に立つものです。

どちらなのか、判断はつきかねますが、やはり私は偶発的な事故だったのではないかと思っています。しかし、意図的に流出させたのでないなら速やかに情報公開をすべきだったのに、隠蔽してしまったのは独裁政権の悪癖です。

起こってしまったことは仕方ないとして、その後をどう展開したら、自らのプラスになるかは、中国はすぐに考えたと思います。ですから、新型コロナウイルスがどんな効果をもたらすか、それを検証するために放置しておいたのだと思うのです。しばらく公開しないというのは、独裁主義ならではです。自分の欠点、失敗、間違いを認めてしまったら、自分たちの権威が危うくなるからです。

そして独裁国家の強権でウイルスを〝封じ込め〟たら、今度は「自分たちの体制が優れているのだ」とプロパガンダし出しました。確かに独裁政権でなかったら、民主主義国家だったら、あれほど速やかに「収束」させられなかったでしょう。

ワクチンを世界支配の武器に

そして今度は、コロナウイルスに対抗するワクチンを、世界支配の武器に利用し出しました。コロナで苦しむ途上国に対してワクチンを提供するのはいいのですが、それを「台湾との断交」の武器に使ったりしています。「台湾と国交を断絶すれば、すぐにワクチンを供給しますよ」という具合です。

また「コロナウイルスと闘う」という名目で、中国は医療器具や防護用具を多くの国々に送りました。必ずしも無償ではありません。後になって料金を請求された例もあります。しかし、これに欠陥品が多いことが判明し、中国の信用はまた失墜しました。チェコやオランダ、スペインなどは、これらの中国製マスクや検査キットをリコールしたほどです。

東南アジア諸国に提供している中国製ワクチン「シノバック」や「シノファーム」も、接種した後に感染・死亡する人が多く、効果が疑問視されています。インドネシアは、シノバックを接種ずみの医療従事者にアメリカ製モデルナを追加接種、タイは同じくイギリスのアストラゼネカの追加接種を決めました。マレーシアはシノバック製からアメリカのモデルナに切り替え、アラブ首長国連邦とバーレーンは、シノファーム接種後にファイザーを追加接種、シンガポールは「シノバックの効果と安全性を評価中」と、散々な様子です。それでも中国政府は「安全性と有効性は証明されている」と、胸を張っています。

途上国の場合、他に選択肢がないため、心ならずも中国製ワクチンを受け入れるしかありません。しかし、中国製ワクチンの効果を知ったら、途上国の人たちも「心から望んで」という形にはならないでしょう。

ちなみに、「中国製のワクチンを受けたいですか?」と日本で調査したところ、「はい」と答えたのはたった〇・六%だったそうです。日本にはファイザー、モデルナなどのワクチンが入ってくるので「何も中国製なんて」という意識が強いのは当然ですが、それと同時に、中国が当初、情報を隠していたことに対する不信感の表れでしょう。

対中認識というか、中国に対するイメージは世界中で大きく変わっています。ウイグルやモンゴル問題もあり、香港の現状も可視化されて、世界中で共有されるようになっています。

しかも、台湾に対してはワクチン輸入の邪魔をしているのです。中国共産党政権は「ワクチン外交」で、世界を救っているかのようなパフォーマンスをしていますが、これこそ「中国の本性」といえるのです。

そこで日米が共同してワクチン援助を台湾に行い、中国に攻勢をかけています。日本政府はすでに約百二十四万回分、アメリカも七十五万回分を提供しています。ワクチンに余裕がある国が、友好国・地域に援助するのは、連帯の意味からも歓迎すべきことで、今後もどんどん進めてもらいたいと願っています。

その折に民主、共和両党の議員が米軍機に搭乗し、一緒に訪台しました。それは「アメリカ国民の総意」ということです。「台湾への支援を誰にも邪魔させない」という強い意思です。台湾を重視し、「事実上の国家」として扱っているのです。

アメリカが台湾を重視するのは、台湾が「東アジアの平和と安定の鍵を握る」からです。台湾支援は、アメリカを筆頭にした自由主義諸国の責任なのです。覇権拡大を進める中国共産党政権を、あらゆる分野で監視することが、アメリカをはじめとする自由主義諸国に求められていると言って過言ではないでしょう。日米をはじめとした自由主義国が先頭に立ち、この世界的危機を乗り越えるしかないのです。

日本も今後、世界各国への支援態勢を強め、「大国の責任」を中国に見せつけるべきときです。アメリカは、台湾に次いでインドにもワクチン提供を進めています。インドは日本と米国、オーストラリアによる戦略的枠組み「ＱＵＡＤ（クアッド）」の一員です。台湾とインドを守ることは、アジアに平和をもたらすことになるのです。

中国共産党との連携組織が全米で六百以上判明

中国のプロパガンダは、新型コロナウイルス関連のものだけではありません。「トランプVSバイデンの選挙に先立つ世論操作は氷山の一角」という「ニューズウィーク」二〇二〇年十一月十日号の特集に「アメリカ大統領選　中国工作秘録」というものがあります。二〇二〇年のアメリカ大統領選で、中国がサイバーで介入していたというものです。とても興味深い記事なので、要点を私なりに整理してみました。

大統領選に際して、共和党のトランプ大統領を〝引きずり下ろす〟ために、アメリカでは特定の人たちがフェイスブックやツイッターに書き込みを続けていました。アメリカ政府のコロナ対策の不手際を糾弾し、人種差別を批判し、大統領のスキャンダル報道には「ＢＡＤ」をつけて転送していたのです。

しかしこの投稿を仔細に分析すると、不自然さが目立ったそうです。別な人とそっくりな文章があったり、論理的でなかったり、英語の使い方も不自然だったそうです。しかも、文章に時々漢字が混じっていたというのです。

実はこの投稿は実在の人物からのものではなく、大量の迷惑メール送信やネット荒らしに使われる悪質なソフトウエアだったのです。操っていたのは、中国共産党に連なる複数の組織で、その目的は、大統領選を前に「アメリカ社会の亀裂を深めること」だったそうです。アメリカの諜報機関と密接に連携するオーストラリア戦略政策研究所の国際サイバー政策センターは、「アメリカの立場を弱くするという中国の政治的目標に沿って、中国語圏の個人や組織が行った多面的な不正活動の一環」と結論づけました。

これに類する活動は他にもあって、「トランプ、バイデン両陣営の関係者に対するサイバー攻撃の試みで中国系組織の関与が疑われるものが複数あった」と、グーグルもマイクロソフトも発表しています。

ただし、前回の大統領選でロシアがトランプ陣営に加担したのとは違って、特定の陣営に肩入れしているようには見えず、むしろ中国側の目的は「アメリカ国内の政策形成に影響力を及ぼし、中国の利益に反する政治家に圧力をかけて中国批判をそらす」ことにあるようです。

そこで同誌は、政府当局者を含む多数の専門家やアナリストに取材したところ、「中国共産党と政府関連組織が長年にわたり、自国の政治・経済的利益と野望を実現するための環境づくりや人脈形成に力を入れ、アメリカで連邦政府レベルから州政府や地域社会レベルにまで多層的なパイプを築いてきた」という事実が浮かび上がってきました。こうした「パイプ」には民間企業や大学、シンクタンクや社会・文化団体、華僑組織や中国語メディア、それに中国系のテンセントが提供するメッセージアプリの「ウィーチャット（WeChat）」などが含まれているそうです。しかも、中国共産党と連携している組織がアメリカ国内に六百以上もあることが判明したというのです。

考えてみれば、「バイデンの息子ハンターが中国のエネルギー企業と密接な関係にある」とか「トランプが中国に秘密の銀行口座を持っている」という疑惑が取りざたされたことがありますが、この報道にも中国が深く関与しているのかもしれません。

アメリカ国内にある中国系組織の活動は文化事業や商談を装ったイベント、宣伝工作、そして「いざというときに頼れる人脈の確保」まで、多岐にわたっているのです。

大掛かりな産業スパイ活動も平然と行われています。ＦＢＩのクリストファー・レイ長官は「十時間に一件のペースで中国絡みの事案捜査に着手しており、現時点では五千件近いスパイ事件の半数近くに中国が関与している」と述べているそうです。

分断の種をまくのが目的

「なるほど、さもありなん」です。実際に、この工作が今度の大統領選にどれだけの効果を及ぼしたのかは定かではありませんが、現状では、「露骨に特定の陣営に加担するものではなかった」と結論づけられています。つまり人権派の主張も保守派の主張も等しく拡散させていて、特定の主張に加担することなく、左右両極の意見を拡散させることで対立を煽り、アメリカ社会の亀裂を深めるプロパガンダだったのです。その方法で、じわじわとアメリカ社会に入り込んで、自分たちの味方を増やそうとしていると見ることができます。

ただ私自身は、中国はトランプの落選を望んでいたと考えています。対中強硬派だったトランプ政権に比べ、民主党のオバマ前政権時代には米中摩擦が少なく、バイデン陣営にはオバマ政権のスタッフが多く入るはずなので、「与《くみ》しやすい」と思うはずだからです。

結果として、バイデン政権は「人権」を重視し、ウイグル問題、香港問題などをめぐって対中強硬姿勢を打ち出したので、中国の思惑は外れてしまいましたが、少なくともこの当時は、民主党政権がベターと考えていたのは間違いありません。

アメリカ国内でのロビー活動強化を明言

トランプ政権のポンペオ前国務長官も、「中国共産党が州や地方都市のレベルでも親中派を見つけ出し、手なずけようとしている」と語っています。そして、中国のある機関が各州知事の「親中度」を採点した報告書を作成していると明かしました。「ニューズウィーク」によれば、全米五十州の知事のうち十七人が「親中派」で十四人が「中立」、六人が「対中強硬派」に分類されたそうです。

そしてポンペオ氏は、州レベルで展開されている中国工作の具体例を挙げています。例えばミシシッピ州の知事は台湾訪問を予定していましたが、テキサス州ヒューストンの中国総領事館駐在外交官から手紙を受け取り、「台湾訪問を実行すれば、同州に対する中国企業の投資案件の一部を取り消す」と脅されたそうです。それでも知事は台湾を訪れたのですが、中国に進出している企業を抱えている州や、中国に大豆などの農作物を輸出している州の代表者に中国側が接近し、州政府や連邦政府の政策に影響力を行使するよう求めてくる可能性は十分にあります。

事実、習近平自身も「アメリカの政治家や財界人の〝協力〟を取りつける活動を一段と強化する」と語っています。もちろん、こうした活動は、これまで中国の意を受けたロビイストがやってきましたが、今後はそれに加えて、様々な手段で〝圧力をかける〟と公言しているのです。

そう言えば日本でも「習近平総書記を尊敬している」と公言し、中国との開発競争になっている日本のリニア新幹線開発の邪魔をしている静岡県の川勝平太知事のケースもありますね。

投稿時間で中国発かどうかがわかる

「不正選挙」騒動に関して、アメリカでは「オバマが逮捕された」というとんでもない話までSNSで流されました。「オース・キーパーズ」や「プライド・ボーイズ」という団体が不正選挙だとする情報を広めたのです。民主党はこれらの団体を「白人至上主義者だ」

とレッテルを貼っています。

実は、そこに中国の援助があったらしいとささやかれています。SNSの投稿だけでなく、資金援助の話まであります。しかも彼らは、自分たちが「中国の手先」になっているのを理解していません。彼らは投票集計の機械の数字が途中で上がったり下がったりするのが不正選挙の証拠だというのですが、各選挙区が集まった票をまとめて入れたりするので、票数が増えたり減ったりするのは当たり前なのです。

そういう機械であるということも理解せず、「(ドミニオンが)ドイツやベネズエラなどの外国からインターネット集計を操作している」と主張している人たちもいました。これはまったく根拠がないものです。

アメリカだけでなく、日本でもそんな陰謀論に踊らされた人たちがいました。アメリカではフェイスブックとツイッターで陰謀論が飛び交いましたが、日本では意外に野放しでした。

結局、トランプのアカウントも停止されましたが、これは中国の工作に乗せられた結果だろうと、私は思っています。

そこで私が「陰謀論の間違い」を配信すると、「私は以前、トランプさんが好きだったけどいまは嫌いです」とか「トランプを信じていたけれど、ケントさんの話を聞いて間違っているとわかった」というコメントが増えてきました。それでもたまに「お前の動画は何があろうとも観ないぞ」というコメントも来ました。ブロックすると、また「ブロックした」と騒ぐのでそのままにしておきましたが、先日、ほんとうにひどいのがあったのでブロックせざるを得ませんでしたが、中国のプロパガンダと戦うのがどんなに大変なことなのか、身をもって知りました。

中国の影響が及んでいるかどうかは、投稿された時間を見ればよくわかります。まずは中国での営業時間。彼らは〝業務〟としてやっているので、営業時間が終わると投稿が極端に少なくなります。昔と違って、いまはネットが主流なので、追跡するのは難しい。誰が無記名で投稿したか、日本人か中国人かわからないのが難点ですが、こういう形で類推していくと、おぼろげながら浮かび上がってきます。

究極の標的はアメリカ

中国はこれまで、「巨大な中国市場」という武器をバックに、オーストラリアやカナダ、ニュージーランド、イギリスなどに「圧力」をかけてきました。「自分たちのいうことを聞かないと、中国市場から締め出すぞ」という恫喝です。事実、オーストラリア産ワインに法外な関税をかけて、締め出しを狙ったことは記憶に新しいと思います。

オーストラリアの作家、クライブ・ハミルトンは著書『サイレント・インベージョン～オーストラリアにおける中国の影響（静かなる侵略）～』（日本語版は『目に見えぬ侵略　中国のオーストラリア支配計画』飛鳥新社）で、オーストラリアの政界や市民社会が中国に〝侵食〟されている実態を記しました。それを読むと、中国共産党に侵食されている実態がよくわかります。背筋が寒くなるくらいです。

こうしてオーストラリアを侵食した中国は、いよいよ、「最大の敵」であるアメリカに牙をむいてきたということです。アメリカも黙ってはいません。二〇二〇年七月には、国務省がテキサス州ヒューストンにある中国総領事館を閉鎖しました。ここは長年にわたり、アメリカ南西部一帯に暗躍する産業スパイの拠点になってきたからです。テキサス州と周辺には、エネルギー産業や先端技術産業、航空宇宙産業が多数、集まっています。だからこそ、ヒューストンが産業スパイの拠点としてうってつけだったのです。

彼らは、中国共産党中央委員会直属の機関「統一戦線工作部（統戦部）」に属しています。

表面的には「外交官」やそれに属する特権を持ち、よほどのことがない限り、司法に拘束されることはありません。

しかも、統戦部の海外工作費だけで年間六億ドル（約六百六十億円）と言われています。そして、この下に「党外の集団に影響を及ぼすことが任務」のネットワークが構築されているそうです。海外の中国人社会に住む人たちに対し、母国に忠誠を誓うように仕向ける仕組みです。もちろん、経済的な見返りを伴う場合もあります。

私はこれを読んでいて、「たいていの関連団体は『中国海外交流協会』といった当たり障りのない名称を持つ」という部分に興味を惹かれました。「交流協会」とか「友好協会」といった名前の団体は、日本にもたくさんあるからです。でもアメリカ国民も日本国民も、こうした団体が中国共産党の〝手先〟だったとはあまり気づいていませんでした。

中国政府は表向き、この統戦部による海外情報工作を否定しています。しかし現実に、この統戦部には二〇一九年だけで二十六億ドル（約二千八百六十億円）という多額の予算が割り当てられていたとのことです。

トランプが「不正」を強調するほど中国が利を得る

トランプ前大統領は、最近活動を再開し、二〇二二年の中間選挙での共和党の勝利、そしてそれをバネに、二三年の大統領選挙出馬を狙っています。ただし、アメリカ経済はインフレも始まりましたし、次第にトランプの影響が少なくなっていくと思います。でも共和党内では、いまトランプの悪口を言うと支持者を切り離すことになってしまうので、おおっぴらに口にできません。

勘繰り過ぎかもしれませんが、トランプが相変わらず「不正選挙」を主張するのは、もちろんそれしか戦略を持っていないこともありますが、中国の息のかかった層が彼を持ち上げていることもあるのではと、私は考えています。彼がそれを主張すればするほど、中国がニンマリ笑うはずです。

「バイデン政権は正式な政権ではない」と考えるアメリカ人が多いほど、中国の勝ちです。信じにくいことですが、共和党員の三〇％パーセントは、「またトランプはホワイトハウスに戻る」と考えています。

次の選挙では、どれくらいの数字になるでしょうか。このまま推移したら怖い数字です。単なる白人至上主義者たちだけで、そういう数字にはならないはずです。トランプの岩盤支持層がどんなふうに推移していくか、私は注目しています。

もちろんトランプは、中国に打撃を与えたことは間違いありません。米中貿易戦争で中国が痛手を被ったのは、疑いのない事実です。

でもその反面、彼の「アメリカ・ファースト」の外交政策は同盟諸国をアメリカから遠ざけ、反中国の広範な同盟を築きにくくしたのです。幸いにしてバイデンの登場によって「中国包囲網」が敷かれ、世界は「西側先進諸国対中国」の構図になりましたが、万が一、トランプ再選が現実になったら、世界はまた混沌としてしまうと思います。

しかも「不正選挙」を叫べば叫ぶほど、アメリカの選挙制度、ひいては民主主義が根底から揺らぎかねないのです。私は決して民主党びいきではありませんが、それでもトランプの姿勢には危険性を感じます。アメリカの民主主義を傷つける行為は、中国共産党を喜ばせることになりかねないからです。これは、中国に絶好のプロパガンダの材料を与えます。中国はアメリカの選挙後の混乱を、「民主主義国家の末期的症状だ」と宣伝していくでしょう。中国の国営メディアはその終末的光景を嬉々として伝えるはずです。

いまやアメリカでは民主党も共和党も、アメリカにとって最大の脅威が中国であるという認識では一致しています。しかし、アメリカ社会が再び「分断」の危機に陥ってしまったら、中国との「新冷戦」は効果的に戦えません。国内で亀裂が大きくなれば、中国に対する優位を保つための教育、科学などの施策も立ち行かなくなります。

また、もし再びトランプ政権が誕生したとすると、自由民主主義各国とアメリカとの溝はまた深まってしまいかねません。こうして民主主義勢力が衰退すると、米中、どちらにも独裁者が君臨することになって、アメリカは同盟諸国の離反を引き起こしかねないのです。

先ほども述べたように、中国はバイデンの勝利を願っていたと私は思っています。しかしいまは、トランプの再登場でアメリカが分裂する事態をより望んでいるかもしれません。そのほうが、中国にとって魅力的かもしれないのです。

断じて「不正選挙」ではなかった

アメリカ政治のルールは、選挙の結果に従って平和裡に政権移行するというものです。

「不正選挙」をいつまでも唱え続けるのは、中国を利する結果にしかならないと、私は思います。中国はバイデン政権を望んだけれど、トランプが当選するにしても、「不正選挙だった」ということを煽ってくれればいいと考えていたはずです。あるいは、中国は選挙が終わってからそのように考えついたのかもしれません。アメリカ社会を分断するために、様々にＳＮＳを駆使したわけです。どっちが勝とうが構わない。とにかく分断させたい、たまたまトランプのコロナ対策失敗のおかげでバイデンが勝ってしまった……それはそれで大ラッキー、ここからさらに分断をはかろうとするのが中国の企みです。

　私は明確に言います。「今回の大統領選挙は不正選挙ではありません」と。コロナのために投票場に行くことを怖がる人たちが増え、急遽、郵便投票を実施する州が出てきました。これが「不正選挙」を唱える根拠になりました。

　でも私の出身地のユタ州では、以前から郵便投票ができます。いわゆる不在投票です。私は二〇一六年の大統領選挙に、日本からＥメールで投票しました。今回もそうしようと思っていたら、選挙管理委員会から携帯用のアプリが送られてきたのです。そこでそれをインストールして、写真つきの身分証明書を読み込ませると、今度は投票用紙が送られてきます。手順に従っていって「投票します」を押すと、「受け付けました」と通知が来るシステムです。ユタ州では何年も前からこれをやっています。本人認証さえしっかり確保していれば、これはとても合理的なシステムです。

ただ、このシステムを採用していない州、例えばネバダ州などは、投票名簿に載っている全員に投票用紙を郵送してしまいました。それが混乱の原因になりました。というのは、アメリカでは毎年、十六～十七パーセントほどの人が転居するので、正確な捕捉ができなかったからです。

前回の投票名簿に従って全員に郵送すると、投票用紙が別の場所に送られてしまう。そこで投票の権利を守ると同時に、不正を防ぐために、投票の締め切りを延長しました。例えばペンシルベニア州では夜八時で締め切りですが、その後の五日間以内に届いたものも認めることにした。

しかし、そのルールは本来、州議会が決めなければいけないものなのに、州の州務官が勝手にそれを決めてしまいました。本来はいけないのですが、ペンシルベニア州の最高裁はそれを合法だと決定しました。でもペンシルベニア州では、これが総勢八千票でした。

それに加え、監視の仕組みにトラブルもありました。コロナ禍なので、「密」は避けたい。しかし遠くで監視するのでは投票者の様子がよく見えない……それらがミックスされて裁判に持ち込まれたのです。決着がついたはずなのに、そこに出てきたのが「陰謀論」でした。

時に大きく騒がれたのは「電子投票機が不正の結果を出した」という主張でした。それを主張した、トランプの弁護士を名乗ったが途中で解任されたシドニー・パウエル氏、前からトランプの顧問弁護士だったルディー・ジュリアーニ氏(元ニューヨーク市長)、枕製造販売会社社長のマイク・リンデル氏それぞれに対して、電子投票機のメーカーであるドミニオン社とスマートマティック社が、名誉毀損で訴えています。要求している損害賠償額は、一人あたり約千四百億円です。それに加えて、報道機関のフォックス・ニュース、ニュースマックス、ワン・アメリカ・ニュース(OANN)それぞれに対して、約千七百億円を要求しています。それ以外にも、有名なニュース・キャスターなど約百五十人を訴える可能性があります。

結局、トランプ弁護団は、それぞれの「激戦州」の裁判所で六十の提訴をしましたが、認められたのはたった一つ。「監視員はもっと近くに立ってもいい」という、それだけの件です。

ことごとく州の裁判所で敗訴したり、却下されたり、取り下げたりしました。それで最終的に「不正選挙」や「陰謀論」を唱える人々は、連邦最高裁の判決を求めました。しかし、連邦最高裁に、全て却下されました。

大統領選挙というのは、各州の州議会が決めたルールに従って、立法府が実施するものです。原則として、その州の司法府（最終的に州の最高裁）は、三権分立の原則から、明確なルール違反が確認されない限り、干渉しません。つまり、提訴を却下します。アメリカ合衆国憲法や連邦法律に則って重大な違反があれば別ですが、州の最高裁の判決が下されている以上、連邦最高裁判所は、極めて特殊な場合を除いて、請求を却下します。

過去には、連邦最高裁が裁定を下したことがあります。一九九二年のゴアとブッシュ（息子）のときです。フロリダ州の開票結果があまりにも僅差で収拾がつかず、最高裁が裁定しました。でも前例とも言えないくらい稀な事例です。

アメリカでは、投票結果が集計され、各州議会がその結果を認定して、選挙で選ばれた選挙人が大統領を選ぶというシステムです。集計結果をそれぞれの州の選挙人団が報告して、一月六日に国会がそれを開票します。不満があれば、そこで議員が異議を唱えられますが、選挙結果が覆された例はまだありません。

今回のケースでは、連邦議会が開票された結果を審議している最中に、国会議事堂が襲撃されてしまいました。そのため、結果が出るのが遅れてしまいました。異議を申し立てた議員はいましたが、それは認められず、翌日の未明になって、最後にペンス副大統が結果を発表して、選挙が終わりました。すべて憲法の規定通りに行ってきたし、それぞれの州の州議会も連邦議会も確認しているわけですから、決して「不正選挙」とは言えないのです。

では、選挙中に不正行為がまったくなかったのかと言えば、そうではありません。しかし、選挙にはかならずといっていいほど、不正行為もあります。ただ、多少の不正行為があっても、今回の選挙は、選挙結果が覆るほどの接戦ではありませんでした。不正を犯した人たちは刑事告訴されて罰せられています。

得票数約一億五千五百万人の選挙をいちいちやり直していては、民主主義は成り立たないのです。

不正行為と選挙法改正

私がいう大きな「不正」行為とは、本来はペンシルベニア州などの議会がルールを変えなければいけないのに、州務官が突然、勝手にルールを変えてしまったという点だけです。

不正といえば不正なのですが、ほとんどの場合、州議会が事後承認して、どこの州の裁判所も不正として認めていません。つまり、ことさら問題にすべき点ではないのです。

またトランプ陣営が主張するように、票の〝数え間違い〟があったとしても、結果をひっくり返すほどの不正があったかどうかははなはだ疑問です。結果がひっくり返るほどだったとはどこも認めていません。例えばジョージア州は八万票が疑惑の的になりました。そこで二度再集計したのですが、結果はほぼ同じ。アリゾナ州は三度再集計しても結果は同じでした。「特別選挙監査」を行っていますが、不正と疑われる得票数は二百票あまりでした。ペンシルベニアで再々集計をという動きがありましたが、仮に違っていても全体をひっくり返すほどにはなりません。

テキサス州ハリス郡（ヒューストン市など）では、試しにドライブスルー方式の投票を実施しました。車の中から投票できるシステムでした。選挙法ではドライブスルー方式は許可されていないので、途中で裁判所はその中止を命じましたが、それまでの得票数を認め、投票は有効になりました。十二万票ですからそれなりの数。方式自体は違法ですが、投票行動は違法ではない。悪意を持って投票したわけではないからです。ドライブスルー投票は人気でしたが、現在、テキサス州議会は、ドライブスルー投票を禁止する選挙法改正を審議していて、間もなく可決される見込みです。

同じテキサス州で認められないのは、代理人投票（ballot harvesting）です。第三者が有権者を訪れて、投票用紙を記入してもらって、その有権者の代わりに投票箱や投票場に届けることです。今回は、一票に対する対価として十ドルや二十ドルを候補者の組織からもらっていました。「真面目に」集めてきた人はそうとう儲かって、逮捕されました。しかし、その数をすべて足しても、結果を変えるほどではありません。だいいち、テキサス州はトランプが制したので、余計に大勢に影響なしです。入院患者、老人ホームで暮らしている人や軍人を含めて一時的に海外に滞在している有権者は、いわゆる不在投票ができます。私自身がそのように投票しました。

ちなみに、ごく一部の州では、代理人投票が認められていますが、対価を貰うことはダメだと思います。

今回の選挙の混乱を受けて、複数の州議会は選挙規定の改正を審議していて、一部ではすでに可決されています。

前述したように、選挙は原則として各州議会が管理し実施します。しかし、連邦選挙法もあります。一九六五年に制定された「投票権法」は、投票における人種差別を禁止する連邦法で、歴史的に少数民族の権利を奪うために使われてきた識字率テストなどを禁止しています。

この度、名目上「不正選挙を防止するため」の連邦選挙法を民主党が下院に提出しました。その「HR1」という法律がたちまち、審議も行われずに、下院で可決されました。内容的には、今回の選挙の異例な事態を承認してしまう内容です。例えば身分証明書は不要、投票用紙に署名しなくてもいい、投票は投票日の十五日前から開始し、投票後も何日か以内のものは受け付ける、投票名簿を毎年整理する、あるいは他の州の投票名簿と照合して整理することは禁止、どこで投票しても構わない……など、不正をより可能にする、あるいはそれを扇動する規定が盛り込まれています。

これは流動性の高い人たち、本来なら投票する資格を持っていない不法滞在者などに有利になるものです。それ以外にも、民主党を有利にする規定がたくさん盛り込まれています。上院でも可決されて成立したら、「二度と共和党の大統領は誕生しない」と言われています。ギリギリでしかも強引に下院議院の過半数を獲得しましたが、共和党議員の賛成票は一票も獲得できませんでした。

上院に移ってからは、これは「S2093」と呼ばれますが、これが上院で通過するかどうかは微妙です。その前に、審議されるかどうかも微妙です。上院議員は共和・民主五十対五十の勢力図です。引き分けの場合、副大統領の決裁で五十一対五十で、事が決まります。

しかし、上院には「フィリバスター」というしきたりがあります。憲法には記されていませんが、長い伝統です。昔は三分の二の賛成票が必要でしたが、いまは審議を始めるかどうかに関して、六十票が必要です。フィリバスターが適用されない事例は、判事の承認と予算関連法案だけで、これらは単純過半数で審議入りができます。

一度、二〇二一年六月十六日にこの法案の審議入りをはかったけれども、六十票を獲得できませんでした。共和党の上院議員が一人も賛成しませんでした。現在は、保留中です。どうにか審議を終えて、決選投票をしても、あまりにもひどい内容なので、民主党の五十票すら獲得できるかどうか、不透明です。

そこで民主党は、フィリバスターの廃止を提案しています。廃止案なら五十票ですみます。ただ、これを廃止すると、民主党は暴走可能にはなりますが、民主党があまりにも左翼的な政策ばかり打ち出していて、提出法案は賛否両論真二つのものばかり。このままでは民主党の中間選挙の敗北は必至です。そうすると、新しい議会ですべてが元に戻ってしまいます。

アメリカの下院は、国勢調査に合わせて、十年ごとに選挙区割りを見直します。だから、下院では、一票の格差がほぼありません。当然、十年の間に、人口が増える州も減る州もあります。直近では二〇二〇年のセンサス（国勢調査）の結果、十三の州は議席の数が変わります。例えば、保守地盤のウェストバージニア州も、リベラルが優勢なカリフォルニア州、ニューヨーク州、イリノイ州も一議席減ります。増えるのはテキサス州やフロリダ州です。どちらも保守層が多いところです。総合的に保守は五議席程度増えるでしょう。だから保守系の人たちが、下院の二〇二二年の中間選挙の結果に期待しています。

念のために、上院議院は人口の多寡に関係なく、すべての州ごとに二人います。アメリカは連邦国家（合衆国）なので、州の代表が発言権を持つわけです。

リベラルのニューヨークとカリフォルニアは、人口は多いのに上院議員が二人ずつ。保守で固まっているユタ州でも二人。隣のワイオミング州は人口が少なく、下院議員がたった一人なのに上院は二人。それぞれの地域の利益を守ることと、行政が加熱して暴走するのを止めるために上院議院があるのです。そのためにも「フィリバスター」のルールまでつくったのですが、要するに国論を二分するような法律を単一の政党だけで通すのは難しいのです。お互いにある程度の合意がないといけないというのが上院の精神なのです。

アメリカを共産主義国家にしたい人たち

中国の狙いはアメリカ社会の分断を促進することです。できればアメリカが共産主義国家にしたいと願っているでしょう。もちろん、実現できたとしても時間がかかるとは思っているでしょう。

ただ、巧妙なプロパガンダで、「社会主義的な勢力」を育てるのを怠ってはいません。標的は民主党かもしれません。この党の中には一五％くらい「アメリカを社会主義国家にしてしまえ」と願っている人たちがいると個人的に見ています。

民主党の「強力な援軍体」にＢＬＭ（ブラックライブズマター）、ＡＮＴＩＦＡ（アンティファ）があります。アンティファは無政府主義者たちの集まりです。両方とも、アメリカを共産主義国家にする目論見を正式に宣言しています。どんな手段を通してでも実現したいので、アメリカを混乱状態に陥れ、武力革命を起こすのも、彼らの正義です。その裏に「アメリカはレイシストの社会で民主主義ではない」という中国のプロパガンダがあります。

GHQによる戦後日本の占領政策の中に「公職追放」がありました。「戦争協力者」とレッテルを貼った人たちを公職追放したのですが、その後に入り込んできたのが共産党。アメリカでも似たようなことをしようとしています。「キャンセルカルチャー」という名称で、まるで中国の文化大革命と同じような行為が繰り広げられています。例えば、少しでも彼らの気に入らないようなことを言うとボイコットし、糾弾する。大学当局もその勢いに逆らえず、ターゲットになった教授をクビにしてしまう。現実に、保守の歴史学者受難の時代になっています。現在、麗沢大学准教授のジェイソン・モーガン氏も大変な目に遭ったようで、仕方なく彼は、日本に逃げてきました。

特にいまは「クリティカル・レイス・セオリー（批判的人種理論）」という理屈がまかり通るようになってきています。「社会構造として白人は生まれつき優位性がある。そのため、白人本人が認識していても認識していなくても、全員人種差別主義者であり、その原罪を負っている」。さらに、「建国以来、そうであり、その体制を維持することこそ、建国の目的だった。白人はそれを反省し謝罪すべきである」と教育し始めているのです。この考え方こそ人種差別以外のなにものでもなく、歴史の悪質な解釈です。まさに文化大革命の再来です。

日本向けプロパガンダの巧妙な手口

アメリカを分断するために中国が画策した工作については、前に述べた通りですが、中国は日本にも同じように巧妙な工作を仕掛けています。

CSIS（戦略国際問題研究所）という、ワシントンに本部を置くシンクタンクが発表したもので、日本に影響を及ぼすための戦略が分析されています。中国が日本国民の特徴を解析し、簡単に左右される部分を抽出しているのです。

先ほど紹介した「中国共産党中央統一戦線工作部」は、職員四万人、年間予算は二千八百億円。アメリカで六百もの団体をフロントにしています。アメリカの公式見解では「中国共産党はとても有能でやる気があり、しかし我々には対立的である。私たちが重んじる民主主義、開かれた情報交換、個人の価値に関してはあまり興味がない」と書いてあります。「人権には抑圧的だ」と書いてありますが、中国共産党には、世界と関わるときにインフルエンス、影響を与えるようなオペレーションがたくさんあるのです。

その一つ目は、隣国との関係で対立的な立場をとるということ。協力し合おうという姿勢は見られません。特にアメリカとですが、ほかの全世界の諸国に対しても、本質的に協調的な姿勢はとりません。「上から目線」と言ってもいいでしょう。

第二は、相互主義は認めず、あくまで自分たちだけが勝ちたいのだといいます。

第三は、中国のやり方は略奪的で覇権的なので、対抗するには同盟国とのパートナーシップが不可欠だということ。

中国共産党中央統一戦線工作部は「習近平の魔法の武器」なのだそうです。これを利用してアメリカでは六百ものグループに浸食しました。オーストラリアには、もっとたくさんあるそうです。オーストラリアにいる中国人学生が、もし香港の民主化運動に賛同してデモに参加したりすると、「中国オーストラリア友好協会」を通じて圧力をかけたりするそうです。

こんな例もあります。詳しくは後述しますが、中国国籍のニュージーランド国会の議員が、中国のスパイだったのです。中国の民主化運動家はオーストラリアやニュージーランドに逃れることが多いのですが、そこでも中国の手先の人たちに糾弾され、居場所がなくなることがあります。そんな民主化運動家の動きをチェックするのも、中国の手先たちの仕事です。

テレビや新聞にも圧力をかけていて、例えばアメリカの場合だと、プロバスケットのNBAのあるチームのオーナーが「香港の人たちがんばってね」とツイッターをしただけで、中国企業にNBAとの契約を解除された例もあります。

ワシントンDCでは、「Googleウイグル」と「ウイグルについて勉強するためにGoogleして下さい」という看板を持っているだけで、公共施設や広場から強制退去させられてしまいます。国際的な企業でも、ライオットやメルセデス・ベンツの例のように、少しでも中国の批判をすると、たちまち非難のメールが殺到します。

これらはすべて、中国共産党中央統一戦線工作部の仕事です。でもこれは氷山の一角。水面下に、中国に深く浸食された構図が隠れているということです。

中国牽制の意味をトランプに教えた安倍前総理

余談になりますが、二〇一七年、トランプが第四十五代大統領に就任した時点では、アメリカ国内にはまだ反中感情がそれほど高まっていませんでした。それが急激に高まってきて、いまは中国を牽制する法案であれば、ほとんど全会一致で通過します。

テキサス州ヒューストンの領事館は閉鎖され、中国シンパの学者に対しても監視が強化されています。中国の学者がアメリカの大学に来て技術を盗んで帰るケースがあまりにも多いので、研究ビザも簡単に下りなくなりました。在アメリカの中国の報道機関を「中国の政府機関」と認定して、報告義務を強化しています。アメリカにおける中国のスパイ活動をストップさせるために、アメリカは躍起になっているのです。

実は、このきっかけを作ったのが、安倍晋三前総理です。二〇一六年トランプの当選が決まったすぐ後、安倍前総理はトランプタワーに、トランプ次期大統領に会いに行きました。まだ退任する前のオバマ大統領は烈火のごとく怒ったそうです。「まだ就任してもいないのに、外国首脳と会うとは……」という理由です。会食を含めて二時間という予定でしたが、オバマの横槍で一時間となったところ、結局、話が弾んで一時間半になりました。

そこで安倍氏は、はっきりこう言っています。

「あのとき私は中国の脅威について語りました。それまでトランプさんは日本と中国の違いもわからず、日本と中国をいっしょくたにしていました」

会談時間の大部分は、中国の脅威の説明に費やされました。

確かに選挙期間中トランプは、「日本は我々の金を略奪してるんだ」と語っていました。「日米安保条約では、アメリカは日本を守らなければならないのに、日本はアメリカを守る義務はない。どうなっているんだ！」と。そして「在日米軍駐留費をもっと増額してもらわないといけない」と語ったことは記憶に新しいと思います。

実は日本が負担する駐留経費は意外に膨大で、ほかの国よりはるかに大きな額を負担しています。しかし、安倍・トランプ会談以降、日本の駐留経費の問題は、あまり表に出ることがなくなりました。ただし、バイデン政権は引き上げの交渉をしているようです。

話を戻しますが、中国についてろくに知らなかったトランプの尻を叩いて、対中強硬姿勢をもたらしたのは、明らかに安倍氏の功績なのです。

安倍批判を唱える方も多々いると思いますが、政治信条を別にして、こうした安倍氏の功績については、頭にとどめておくべきだと思います。

第三章

世界を侵食する中国工作員ネットワーク

「統一戦線工作部」が暗躍

前章で「ニューズウィーク」の特集記事を引用する形で、中国の「統一戦線工作部」（統戦部）の話をしました。統戦部は影響下にある団体を使って、先端技術を水面下で技術移転させるのに一役買っていると、同誌は指摘しています。

中国は国際政治の場で、外交戦、情報・世論戦、謀略戦、懐柔策など様々な手段を駆使して、相手国に深刻な分裂を巻き起こす「統一戦線工作」を展開しています。

「統一戦線工作」では特に重点が置かれる分野があって、それは「五大関係」と呼ばれています。

①政党関係（共産党と各民主諸党派の関係）。
②民族関係（各民族間の関係、特に漢族と少数民族の関係）。
③宗教関係（異なる宗教を信じる一般大衆間の関係）。
④階層関係（社会階層間の関係）。
⑤国内外の同胞との関係（中国大陸と香港、マカオ、台湾、海外華僑との関係）。

したがって、国境をまたいだネットワークを持つ海外華僑や華人が重視されたのは当然と言えるでしょう。

「統一戦線工作」とは本来、革命政党である共産党が主敵を倒すために、相手に自分たちの意図や正体を隠しながら接近・浸透し、丸め込んで巧みに操り、その目的を達成しようとする工作です。ソ連共産党や朝鮮労働党なども常套手段としていて、いまでもその方法で、国内だけでなく、海外の敵対勢力に対して自国の立場や主張に有利な環境条件を作ろうと試みています。

なかでも近年、中国共産党の暗躍ぶりが甚だしいのです。特定の団体や個人を丸めこんだり、協力関係を築いたり、場合によっては非難や圧力・恫喝などで重要な情報を収集して影響力を高め、国際社会における中国共産党の地位をアップさせようとしています。

特に習近平政権になって以降、海外における「統一戦線工作」は一段と強化されています。こうした中国の強硬な工作を「戦狼外交」と呼びます。特定の人物や事象に非難を集中させて追い込む行為、例えばポンペオ米国務長官の発言を「狂気の沙汰」と批判するなどは、まさに外交上の礼節から外れた戦狼外交です。

そして、新型コロナに関しては、中国の医療支援に対して過剰な謝意を表明することを要求したり、すでに述べたように「ボット」を利用したSNS上の情報拡散も激しさを増しています。

その一方で、「一帯一路」政策に見られるように、経済協力をてこにした対中協力への強引なプレッシャーなど、枚挙にいとまがありません。

こうした行動は結果的に、中国政治の暴虐ぶりを浮かび上がらせ、国際社会は急速に対中警戒感を強めています。

特にアメリカでは、この対米攪乱を意図する統一戦線方式の調査報告書が発表されたことをきっかけに、官と民、保守とリベラルを問わず、「中国との対決」が米国のコンセンサスになってきました。

前に述べた、台湾を国際政治の舞台から引きずり下ろす工作も統戦部の活動の一環ですし、台湾国内でのスパイ活動なども盛んに展開しています。

統戦部の役割には、「ダライ・ラマに協力する国内外のチベット解放運動に対する工作」や「海外における祖国統一工作」なども職務に含まれています。

統戦部はアメリカ国内の中国語メディアにも深く浸透していて、これを使って在米の中国人社会に影響を与え、その彼らがアメリカ社会で大きな力を発揮する役割を推進しているのです。

「ニューズウィーク」は、全米各地で統戦部の関連組織を種類別に挙げています。中国移民の団体は少なくとも八十三団体に中国共産党の息がかかっていて、ほかに十の中国人支援センター、三十二の商工会議所、十三の中国語メディア、アメリカ国内の中国人専門職団体七十のうち約半数が該当したそうです。中国と台湾の「平和的再統合」を推進する組織のうち三十八、各種「友好団体」のうち五つ、教育・文化など諸方面の活動団体百二十九も同じだそうです。実に驚くべき数字です。

こんな形で、アメリカ国内に統戦部と深い関係にある団体は無数にあり、元国務長官ヘンリー・キッシンジャーの肝煎りで設立された中国系アメリカ人の権利団体「百人会」もその一つだそうですし、「海外友好協会」なる組織は、統戦部の地域支部と考えられるとのことです。

また現在、アメリカに留学中の中国人学生は約三十万人。彼らの研究者団体は二百六十五あるそうなのですが、これも領事館の教育担当書記官などを通じて共産党につながっていると考えて間違いないそうです。

スパイのリクルート機関・孔子学院の閉鎖が相次ぐ

また統戦部の工作は、「ＮＧＯ（非政府団体）」に対して顕著です。「文化交流会」「〜フォーラム」「友好協会」「商工会議所」などという名称の団体です。

また中国が資金を提供している「孔子学院」も、対米工作の拠点になっていると見て間違いありません。孔子学院は、中国政府が中国語や中国文化の普及を目的に、二〇〇四年に韓国で最初に開設された学校で、世界各地で「親中派」を育成するのが目的です。現地で中国文化に関する教育や、中国料理、太極拳、鍼灸、書道などの文化教室を提供すると同時に、中国の大学で中国語や中国文化を学びたい外国人のための教科書や教師、奨学金などの経済的支援もしています。

一九年末時点で世界百六十二カ国・地域の五百五十カ所にあるとされていて、その約四〇％がアメリカにあり、中国の主張のみ展開し「学問の自由を阻害している」として、批判の声が高まっています。

アメリカでは一九年二月、議会上院の国土安全保障・政府問題委員会が「孔子学院の教員は中国の国益を擁護するよう誓約している」などと指摘する報告書をまとめました。そこでトランプ前政権は、アメリカ国内ワシントンに本部機能を持つ「孔子学院米国センター」に対し、大使館などと同様に、所有資産などの報告を義務づけると発表しました。その結果、全米学者協会の調べでは、アメリカ国内の大学にある孔子学院は最盛期の六十七カ所から四十七カ所に減り、カナダ、フランス、ドイツなどでも閉鎖が相次いでいます。

これを受けて、すでにシカゴ大学、ペンシルベニア州立大学など多くの大学が孔子学院の閉鎖に動き、スパイ活動やプロパガンダ活動などの容疑で米連邦捜査局（ＦＢＩ）が捜査を開始した模様です。

ワシントンのシンクタンク「ウィルソン・センター」が、コロンビア、ジョージタウン、ハーバードなど二十五の主要大学を対象として調査した結果、次のような事実が明らかになったそうです。

①中国政府の意を受けた在米中国外交官や留学生は事実上の工作員として米国の各大学に圧力をかけ、教科の内容などを変えさせてきた。

②特に中国の人権弾圧、台湾、チベット自治区、新疆ウイグル自治区などに関する講義や研究の内容に対しては、より強硬だった。

③抗議、威嚇、報復、懐柔などの手段で、大学側に「中国との交流打ち切り」や個々の学者への「中国入国拒否」などをちらつかせる。

こんな工作の結果、米国の大学や学者が中国の反発を恐れて「自己検閲」をすることが多いそうです。つまりアメリカの大学は、中国政府工作員によって中国に関する教育や研究の自由を侵害され、学問の独立への深刻な脅威を受けてきたのです。

これは大学に対する調査にすぎません。中国統戦部の工作は、その他の政・官・財界、軍隊、産業界、マスコミ、シンクタンクなど、米国の意思決定や国益を左右する中枢部に及んでいると考えるのは当然なのです。影響は重大です。

日本の場合はどうでしょうか、日本でも立命館大学や早稲田大学など十四の私立大学に孔子学院が設置されています。日本では、大学が海外の機関と連携する場合、学位の取得に関係しなければ、国に許認可を求めたり、届け出たりする必要はないというのが文部科学省の見解。従って日本政府は、孔子学院の運営実態を把握してきませんでした。しかし今後、孔子学院を設置している各大学に対し、教育活動の自主性に配慮しつつ、孔子学院の教育内容や組織運営の状況について、情報公開を徹底するよう求めていく方針です。これは文科省だけでなく外務省など関係省庁が連携し、情報収集を進めるというものです。

欧米諸国が孔子学院を中国のプロパガンダ機関とみなし、厳しい規制を打ち出しているので、日本も遅ればせながら、この方針に追随したということができるでしょう。

民主党重鎮の秘書が中国のスパイだった

中国は、全米各大学のハイテクの研究所にも人材を送り込んでいます。人民解放軍と関係があるのにそれを隠して入り込み、技術を盗み出すのです。主に「中国人民対外友好協会」などがこの活動を担っています。

州や地方政府にも入り込んでいます。エリック・ソウルウェルというカリフォルニアのある市の市議会議員がいますが、選挙の資金集めをしたのは中国人女性で、彼女は中国共産党の工作員ということが明らかになりました。

問題なのは、ソウルウェルがインテリジェンス委員会に所属していて、情報の取り扱いを担当する部署にいたことです。その中国人女性スパイは彼の愛人らしく、その点でも批判されています。

また、カリフォルニア州選出の連邦上院議員にダイアン・ファインスタインという女性がいます。彼女の補佐官が中国のスパイだったことも判明しました。同議員の事務所は「FBIから、その補佐官が中国諜報機関に情報を提供し、中国の対米秘密工作に協力していると通告を受けた」と発表しました。そして独自調査の結果、直ちに解雇し、「機密漏れの実害はなかった」ということです。

ファインスタイン議員は、全米で最も知名度の高い女性政治家の一人で、アメリカにおける「慰安婦像設置」に手を貸してきた一人です。

彼女はサンフランシスコ市長もつとめ、連邦議会上院議員経歴二十五年という超ベテランです。上院では情報委員会委員長と、外交委員会の枢要メンバーなども歴任していて、国家機密に携わる部署にいた人物だけに、ことは深刻だと思います。民主党リベラル派でトランプ政権とは対決姿勢を鮮明にし、トランプ陣営とロシア政府機関とのつながりをめぐる「ロシア疑惑」でも活発な大統領批判を展開してきた人物でもあります。

トランプ大統領はこの報道を受けて、一九年八月の大統領選挙遊説で同議員の名を挙げながら「自分が中国のスパイを雇っておきながら、ロシア疑惑を糾弾するのは偽善だ」と語りました。同議員はこの大統領の批判に応える形で声明を発表し、自らの非を認めたというのが、その経緯です。

実はこのスタッフは、中国系アメリカ人で、長年、同議員のカリフォルニア事務所の所長を務めていたそうです。彼は、サンフランシスコの中国総領事館を通じて、長年にわたって統戦部に情報を流していたというのですが、現実には彼は逮捕も起訴もされていないようです。理由は「中国への協力が政治情報の提供だけだと訴追が難しい」からだと説明されています。

これだけでも由々しき事態ですが、彼は歴史問題で日本糾弾を続ける中国系反日組織「世界抗日戦争史実維護連合会」や韓国系政治団体「韓国系米人フォーラム」と議会を結びつける役割も果たしてきたというから厄介です。中国の意図を汲んで、アメリカ議会での慰安婦問題糾弾のキャンペーンを続けてきたということです。

ファインスタイン議員の事務所を解雇された彼は、現在はサンフランシスコに本部を置く「社会正義教育財団」の事務局長として活動しているといいます。この財団は「学校教育の改善」という標語を掲げていますが、実際には「慰安婦問題に関する日本糾弾が活動の主目標だ」とサイトで公式に表明しています。しかも「日本は軍の命令でアジア各国の女性約二十万人を組織的に強制連行し性奴隷とした」という事実無根の主張も掲げているのです。

つまり、アメリカで日本を糾弾する人物が、実は中国のスパイだったということは、中国当局がアメリカに工作員を投入して政治操作を続けているということです。これまで、アメリカ国内で慰安婦問題を糾弾する反日活動は、韓国系勢力が主体のように見えましたが、主役は中国共産党だったということが判明したということです。資金源は中国の「抗日連合会」。アメリカ国内で巧妙に対日謀略が実施されていることの証拠です。

韓国は中国に利用されている

つまり、韓国がアメリカで慰安婦像を建てたりするバックには、中国の資金が入っているということです。正確には中国の「抗日連合会」が資金の供給源で、在米の韓国系の人たちが建てようとすると、抗日連合会が資金提供を申し出るという話もあります。韓国人は中国に利用されているのを理解していないのです。

中国が独自に建てたのがサンフランシスコの慰安婦像です。市長は中国系の人物で弁護士出身です。市議会にも中国の影響力が強い。市長は「韓国系女子高校生たちの熱意に応えて許可した」と語っています。「韓国の慰安婦だった」という女性を呼んで証言させ反日を煽ったりしています。

慰安婦像を建てたのはグレンデールという地区で、ここはマイク・ホンダという前下院議員の選挙区で抗日連合会の本部があるところです。彼には選挙資金疑惑がつきまとって、結局辞職しましたが、まずそこに建設されました。その後に作られたのがニュージャージーです。

抗日連合会が資金を提供する意図は、日本とアメリカの信頼関係にくさびを打ち込み、それを安保条約の破棄に結びつけることです。中国は日本から米軍を追い出したいのです。さらに日韓を離反させておくことが中国の国益になるからです。しかし韓国人も韓国政府も、その意図を理解していません。

ドラッグや薬物をアメリカに持ち込む

こうした中国のプロパガンダ機関は、アメリカ国務省が把握しているだけで、全米十五の州にあるそうです。国防総省も数十の会社を名指ししています。いずれも中国人民解放軍関連の企業です。司法省も大学の研究所などを筆頭に経済スパイ活動を追及していますが、まだ氷山の一角しか見えていません。

バイデン大統領の子息、ハンター・バイデンの例に見られるように、中国によるロビー活動も無視できません。父親が副大統領だった時代に、彼は「BHRパートナーズ」という中国のプライベートエクイティファンドに関係していました。バックは中国最大の銀行です。彼は一〇%の株式をもらいましたが、取締役は辞めても、この持ち分は保有し続けています。そこでいま、税務当局の調査対象になっています。

その一方で、中国はドラッグや薬物もアメリカに持ち込んでいます。代表的なのは「フェンタニール」というドラッグで、マイケル・ジャクソンがこれで死亡したと言われています。

アメリカは自由な社会ですから、これまで中国はやりたい放題だったのですが、暴走しすぎて、世界は急速に警戒感を強めてきました。度を超えてしまうのが独裁政権の悪癖です。権力に酔ってやり過ぎてしまうのです。

偽アカウントでプロパガンダを拡散

前出の「ニューズウィーク」も、中国の息がかかった組織によるアメリカでのスパイ活動の一端を紹介しています。二〇二〇年の九月に逮捕されたのはニューヨーク市警の警官ですが、彼はチベット出身の移民でした。アメリカに帰化して市民権を持っていましたが、実は中国政府のスパイだったという事実が発覚したのです。

この警官を操っていたのはニューヨークの中国総領事館の職員で、統戦部に連なる中国チベット文化保護発展協会の仕事をしていたといいます。その警官はニューヨークにいる中国系住民の動向調査を主な任務とするほか、市警本部の行事に中国政府当局者を招待していたそうです。

中国の外交官がSNSの偽アカウント・ネットワークを使って中国にとって都合のいい話をイギリス社会にまき散らしていた例もあります。イギリスの「オクスフォード大学民主主義とテクノロジープログラム」が明らかにしました。

先ほど、中国の外交姿勢を「戦狼外交」と紹介しましたが、習近平は以前にも増して、中国の利益をストレートに攻撃的な言葉で言い募るようになっています。そこで国営メディアによるプロパガンダと並行して、SNSを駆使した偽情報の発信に力を入れているのです。

特に香港の民主化運動や新疆ウイグル自治区への弾圧で批判を浴びて以降、中国外交官のツイッターアカウントが激増していて、世界百二十六カ国に駐在する中国外交官二百七十人が自身のツイッターやフェイスブックのアカウントを開設しています。

ツイッターやフェイスブックは中国では認められていません。そこでこの両社はこのアカウントに「中国政府当局者」「中国国営メディア」というラベルを貼って利用者に注意を促していますが、実際に「中国政府当局者」とレッテルが貼られたのはわずか一四%だけ。相変わらず〝堂々と〟個人のアカウントのように、SNS上での偽アカウントがまかり通っているのです。

しかも、彼らの投稿をリツイートしていたアカウント全体を調べると、アカウントのわずか〇・一%がリツイート全体の四分の一を占めていたそうです。外交官たちは外部に強力なリツイーターを置き、効果的に拡散させていたのです。継続的に反応していたのは英市民になりすました六十二のアカウントで、発覚して以降、六十アカウントが停止され、二アカウントが削除されたそうです。発覚のきっかけは、開設時期やリツイートのタイミングが短時間に連続していたり、同じ言葉やフレーズを使ったりした例が多かったからと言います。

投稿テーマは、香港の民主派に好意的な英政府への批判や、新疆ウイグル自治区における中国共産党の取り組みを擁護するもの、中国の地球温暖化対策への取り組みを評価することなどに集中していました。

つまり、偽情報を大量生産する人たちの偽アカウントから、その国の市民になりすました偽アカウントへと情報が伝わり、それが一般市民に拡散していくという流れが浮かび上がります。

学生ユーチューバーを高額でリクルート

オーストラリア戦略政策研究所は、新疆ウイグル自治区の人権弾圧への国際的批判をかわすため、中国がSNSを通じて偽情報を世界に拡散し、中国を宣伝する情報キャンペーンを展開していると報告しています。

二〇二〇年初めから、中国国営メディアによるアメリカ国内のSNS使用が大幅に増加し、この問題に関して中国に好都合のストーリーや偽情報がまき散らされていたそうです。

主な武器はフェイスブックです。フェイスブックは「利用者のプライバシー」を理由に、いろいろな機関の調査に協力的でなかったのですが、オーストラリアの同研究所は「偽情報を含むコンテンツを拡散させて、新疆ウイグルの弾圧問題に取り組むウイグル族の犠牲者、ジャーナリスト、研究者と、彼らが属する組織を批判・中傷する戦術が使われていた」と結論づけています。

一説には、WHOを筆頭に〝親中〟と目される国際機関の当局者もそのコンテンツをシェアする役割を担っていて、彼を通じて、「いかにも信憑性がありそうなコンテンツ」が浸透していったという話もあります。

こういた活動を支える実働部隊として、「イギリスでは中国国営テレビ(CGTN)が学生ブロガーをリクルートしている」とイギリスの『タイムズ』が報じています。「高額報酬」が売りだそうで、平均一万ドルというからなかなかのものです。中には瞬間フォロワー二千九百万人というユーチューバーもいて、彼らは西側メディアの嘘を告発する動画や、「新疆ウイグルに人権侵害はない」という中国宣伝の動画製作を担当していたそうです。

実はこういう形で、中国は海外にいる中国人への工作を大幅に強化していて、彼らはその国に対するプロパガンダを担う大事な戦力なのです。そのために在外大使館には必ず統戦部関係者が駐在するようになったと聞いています。

華僑に対しては「中国人民の偉大なる復興に手を貸そう」と愛国心を煽ったり、よく使われる手は、「利用価値が高い」と見込まれる団体や個人に金銭的な利益を供与することです。例えば、何度か統戦部の活動に関与したというイギリス在住の中国人学者は、中国共産党の記念日を祝うパーティに出席したところ、党の幹部から「補助金を給付する」と勧誘されたそうです。資金の出どころは統戦部で、世界各国にある「中国海外教育学者発展基金会」が、その実務を担う表組織になっています。

もちろん金銭援助は無償ではありません。当然、「義務」がついて回り、水面下での政治活動を強要されます。例えば、反中国の抗議行動に対して、中国人学生を集めて抗議団体の隊列を遮ることなどが挙げられます。

また、欧米各国で中国系の政治家を誕生させることも「工作」の一環です。カナダのトロントで、多数の中国人が市議選に当選したことがあります。二〇〇六年の同選挙では、中国系立候補者四十四人のうち十人が当選を果たしました。相手国の上流階級の団体や個人を狙って協力関係を築くというのは、統一戦線部が得意とする手法です。

「日中友好」の美名に騙されるな

統戦部の工作の舞台はアメリカだけではありません。オーストラリア、ニュージーランド、シンガポール、台湾などでも指摘されています。では日本ではどうなのでしょうか。もちろん、盛んです。

産経新聞ワシントン駐在客員特派員の古森義久氏によれば、冷戦中から共産圏諸国の対外活動を専門に研究してきたワシントンの「ジェームスタウン財団」は、「日本での統戦部組織は同部の直轄組織の『日本中国和平統一促進会』が主体。『全日本華僑華人中国平和統一促進会』や『全日本華人促進中国平和統一協議会』が、それをサポートしている」と報告しているそうです。

中国人民解放軍の対外組織である「中国国際友好連絡会」や中国共産党の外交支援組織「中国人民対外友好協会」も統戦部と密接な連携を保っていて、「日中友好協会」「日本国際貿易促進協会」「日中文化交流協会」「日中経済協会」「日中友好議員連盟」「日中協会」「日中友好会館」なども、統戦部の息がかかっているのです。

もちろん、表立って違法な活動をしているとは言えません。しかし、統戦部がこの種のルートを使って様々な工作を仕掛け、日本側の政財界に深く浸透していることは立証されています。

また、この報告書は工作の具体例として沖縄での出来事を挙げているそうです。例えば、中国の息がかかった組織が米軍基地に隣接した地域で不動産を取得したり、琉球王朝の末裔を中国に招待したり、沖縄と中国間の姉妹都市提携の奨励などだそうです。琉球王朝末裔の件は、沖縄への日本主権を否定するのが目的で、その手を打っているということです。

結論として「中国の対日統一戦線工作は対アメリカ、対台湾ほど激しくはないが、意図や動向は明確であり、日本側の認識が少ない点が問題だ」と警告していたと言います。日本国民は、「日中友好」などという美名に、決して騙されてはいけません。

「統一戦線工作」に厳重な警戒を

日本政府も「警察白書」で、この「統一戦線工作」の実態を公式に発表しています。平成二十九年版「警察白書」では、「中国の動向」をこう記述しているのです。

「中国は、諸外国において多様な情報収集活動等を行っていることが明らかになっており、我が国においても、先端技術保有企業、防衛関連企業、研究機関等に研究者、技術者、留学生等を派遣するなどして、巧妙かつ多様な手段で各種情報収集活動を行っているほか、政財官学等、各界関係者に対して積極的に働き掛けを行うなどの対日諸工作を行っているものとみられる。警察では、我が国の国益が損なわれることがないよう、こうした工作に関する情報収集・分析に努めるとともに、違法行為に対して厳正な取締りを行うこととしている」

現在、在日中国人の公式統計だけで約七十三万人。その中で工作員として選ばれ、活躍する可能性の高い人たちは「留学生」約十二万人、「教授・研究・教育」者約二千人がいますし、コロナ以前までは年間約六百三十七万人（二〇一六年日本政府観光局統計）の旅行者が中国から入国していました。つまり、年間約七百万人の中国人が日本に滞在していることになります。これほど多くの中国人の中には、やはり相当数の工作員が含まれていると見るのが妥当でしょう。

中国にはいまだに「国防動員法」が存在していて、男性は満十八歳から六十歳まで、女性は満十八歳から五十五歳まで、「国防に従事する」義務があるのです。在日中国人や中国人旅行者も例外ではありません。万が一〝動員〟されれば、彼らが中国政府の命令を受けて、情報活動や破壊活動などに従事する事態も考えられるのです。

中国人スパイがニュージーランド国会議員に

スパイ活動が明らかになった事例は、まだまだあります。先ほども述べたように、ニュージーランド国家情報局は、同国の中国出身国会議員が十年近く中国共産党の軍事大学に在学・勤務し、統戦部の工作員である事実を突き止めました。その結果、ニュージーランドでは、中国共産党による政界工作の実態を本格的に捜査するよう求める動きが出ています。

この議員が卒業した洛陽外国語学院は、中国軍唯一の外国語大学で、外国の軍事情勢を偵察する任務を負う人材、いわゆるスパイの養成を行う機関です。サイバー攻撃や、外国軍の通信を傍受し技術情報の取得も担当し軍の傘下にあります。

疑惑を受けてこの議員は会見を開き、中国軍の教育機関で教育を受けた事実は認めたものの、自身と軍との関係を否定しました。しかし、中国の諜報活動に詳しい専門家は、「限りなくクロに近い」と証言しています。

日本でも、同議員が卒業した外国語大学出身の逮捕者が出ています。二〇一五年三月、外国人登録法違反容疑などで大阪府警に逮捕された中国籍の貿易会社代表取締役の男性は、諜報部門を傘下に持つ中国人民解放軍総参謀部と定期的に連絡を取っていたと、産経新聞などが報じています。軍事転用が可能な技術を持つ機械工業メーカーなど複数の日本企業関係者とも接触していたという事実も発覚しました。警察当局は「総参謀部に在籍している機関員」と断定しています。

日本には、少なく見積もって約五万人の中国スパイが暗躍しているとの観測もありますが、ご存知のように、日本では現在、スパイ活動そのものを取り締まる法律がないのです。この件については、後ほど詳述します。

中国に侵食されたオーストラリア

また先ほど、クライブ・ハミルトンの『サイレント・インベージョン～オーストラリアにおける中国の影響～』を紹介しました。オーストラリアの政界や市民社会が中国に〝侵食〟されている実態を記したものですが、これを証明するかのように、二〇一七年、オーストラリア放送協会の時事報道番組では、少なくとも五人の中国系人物が政界への巨額な政治献金と賄賂を通じて、同国の内政に干渉したことが報じられました。

五人は、諜報員、富豪、中国企業会長などで、豪州政界に巨額な政治献金を行う中国系企業の億万長者、豪州軍事要衝のダーウィン港を九十九年間借りた中国企業の嵐橋（ランドブリッジ）集団の会長です。

同調査によると、中国共産党は同地にいる留学生や中国系住民のコミュニティや海外中国語メディアを操り、各国の政治家への政治献金などの金銭取引を通じて、オーストラリアの主権と国家安全に害を与えたというものです。そこでオーストラリアの首相は、外国人による政治献金を規制する法案を打ち出しました。

献金と賄賂の目的は、オーストラリアの資源を狙ったからです。資源国である同国を手に入れれば、安定的な資源供給が得られ、中国の今後の経済成長の糧になるからです。

もう一つは、台湾をめぐる戦略的必要性が絡んでいます。中国と台湾との間で軍事衝突が発生した場合、オーストラリアは同盟国であるアメリカ側につくはずです。そこでそれを防ぎ、「米豪安保条約」を発動させないようにするのが目的です。

この影響を受けて、一時、オーストラリア政界では、「アメリカと距離を取ろう」という機運が盛り上がりました。幸い、その後の中国のあまりにも露骨な戦略が裏目に出て、現在は「アンチ中国」になっていますが、実に危ない状態でした。「中国がもっとも成功したのはオーストラリアだ」という声もあったほどです。

典型的な例は、中国の企業が二〇一五年、ダーウィン港の九十九年リース契約を結んだことです。ダーウィン港はケアンズと並び、オーストラリア北部の最重要軍事基地です。

しかしおかしなことに、中国企業がダーウィン港をリースすることを、オーストラリア政府と国防省はあっさりと承認したのです。もちろん、「国家利益を売った」と、国民から轟々たる非難が巻き起こりました。

また、同国西部と南部に多くの鉄鉱石などの資源土地や牧場が、中国の国有企業や高官子弟が経営する企業に買収されたり、不動産市場に国からのホットマネーが流入され、不動産価格が急上昇しているという報告もあります。住民は住宅価格の急騰に不満を持っているそうです。

中国はオーストラリアで軍事戦略、先進技術武器、ハイテクノロジーの情報収集と工作員育成などの活動をしています。

また、大使館と領事館と中国資本企業での諜報活動、高官らへの浸透工作、現地でのネットワークの設立なども行っています。同時に、現地政府の政治状況、政府高官や議員らの個人情報も収集、現地の中国系住民や留学生、ビジネスマン富裕層からも工作員を育成もしています。

現在、同国にいるプロの諜報員は約三百から五百人と推定され、これに加えて五百から七百人ほどのセミプロの諜報員がいるそうです。普段はさまざまな組織、業界、豪州政府の機関など、別の仕事についています。

また「豪州中国平和統一促進会」という組織があって、同国の元首相三人が、この組織の顧問となっています。クリントン元米大統領を招き、中国当局による台湾統一への支持について講演を行ったこともあります。

現在、オーストラリアは中国との間で「自由貿易協定」（FTA）を結んでいます。この際にこの中国系富豪が政府首脳に十万オーストラリアドル（約八百二十万円）の政治献金を行ったことも明らかになりました。

また中豪のFTAはオーストラリアの貿易拡大に有利なのですが、その見返りにオーストラリア政府は、中国当局に大きな譲歩をしたと言います。先ほどのダーウィン港の件や、中国政府系ファンドによる豪州の農業・畜産業への莫大な投資が、それです。

その一方で、打撃を受けるのは中国農村部の農業・畜産業の従業者たちです。そのこともあって、中国政府はなかなか締結に踏み切れなかったのですが、元駐豪大使の「中国に経済的損失をもたらすが、長期戦略的に見れば大きな成果を見込める」という意見を受けて、中国当局が締結交渉を始めたという経緯があります。

そして、オーストラリア政府の政治的譲歩もあり、「経済的利益より政治的利益を優先する」という中国共産党の原則の下で、習近平政権が締結に踏み切ったわけです。

その証拠に、オーストラリアは中国と司法制度がまったく違うにも拘わらず、「犯罪人引渡条約」を締結しましたが、いまだに批准に至っていません。国内の多くの議員や法曹界専門家などからの反対意見が強く、「中国司法制度の公正性は疑わしく、中国当局がこの条約を自らの目的に利用するのでは」と疑問視したからです。

このように、いろいろな局面で、オーストラリアの民主制度は莫大な中国マネーの攻勢で立ち止まったままです。

大学のキャンパスも侵食が激しいようです。前述したクライブ・ハミルトンによれば、オーストラリアの大学がチベット亡命政権のロブサン・センゲ首相を招いたら、中国人学生たちが会場を占拠して大声で抗議し始め、結局、センゲ首相は会場にも入れなかったということもあります。

また、名門、シドニー大学のある講師が授業で使った世界地図が大問題になったこともあります。インド、ブータン、中国三カ国の係争地が、その地図ではインド版の解釈で描かれていたのです。これを見た中国人留学生たちは、抗議のために教室から出ていき、「オーストラリアの赤いスカーフ」と称して抗議キャンペーンを張り、講師を謝罪に追い込んだのです。大学も右にならえで、中国人留学生に屈してしまったそうなのです。

多くのオーストラリア国民は、与野党が中国当局と癒着しているとは思わなかったはずです。しかし、メディアが大々的に中国当局の浸透工作を報道したことで、オーストラリア国民は、いままでになかった強い警戒意識を持つようになったはずです。

ハリウッドを支配する中国資本

ハリウッドの映画界にも大量の中国マネーが流れ込んでいて、ハリウッドは彼らの意向を無視しては映画製作が不可能という状況にあります。

ロックグループのＱＵＥＥＮの活動を描いた『ボヘミアン・ラプソディ』という映画が

あります。主役のフレディ・マーキュリーは同性愛者でエイズによって亡くなりました。しかし中国で封切られた際には、これに関連するシーンがすべてカットされています。しかしそれではフレディ・マーキュリーがなぜあれほど苦悩したのか、人間の本質が理解できません。でもそれは、中国共産党の〝趣旨〟に反するのです。

トム・クルーズが主演した一九八六年の映画『トップガン』では、主人公が着る革ジャンの背中のワッペンに、アメリカ国旗と並んで日章旗と台湾の青天白日旗が「同盟国の象徴」として縫い込まれていました。しかしその続編『トップガン　マーヴェリック』では、それが消えているのです。

『レッド・ドーン（赤い夜明け）』という映画もあります。この映画は、もともと中国の侵略から故郷を守るアメリカの若者たちを中心に描かれていましたが、撮影し終わってから、制作会社MGMの金銭トラブルで配給が保留になりました。そのあいだ、ウェブサイト『The Awl』に脚本がリークされ、中国を悪役として描いたその内容に対して中国が激しく抗議しました。そのため、MGMは中国での興行収入を確保するために、CGと音声の吹き替えによって、侵略軍や敵役を中国から北朝鮮に変更しました。しかし、結局中国では公開されませんでした。

中国が直接、クレームをつけなくても、映画関係者が忖度してしまうのです。チベット仏教の最高指導者であるダライ・ラマと出会って、歴史の悲劇を目撃することになる登山家の姿を描いた映画『セブン・イヤーズ・イン・チベット』に主演したブラッド・ピットは長い間、主役の座が回ってきませんでした。

歌手のセレーナ・ゴメスの例もあります。彼女は上海と広東でコンサートを開く予定でしたが、以前、ダライ・ラマと一緒に写真を撮ったことがSNSで拡散され、イベントはキャンセルになってしまいました。「おおっぴらに中国批判をすると中国市場に入れないぞ」と、市場を武器にして中国は脅すのです。

第四章

世界を震撼させる「中華思想」

「カウボーイ」のトランプ、スタッフ任せのバイデン

「カウボーイ精神」という言葉があります。アメリカの西部劇で、無法地帯になっている田舎町に保安官が一人で馬に乗ってやってきて、自分の銃一つで悪人を「処理」する。これがカウボーイ精神です。個人主義のアメリカでは、ロマンに満ちた民族伝統の一つです。

戦後のグローバリズムによって、アメリカが不利になったと疑いを抱いたトランプは、「アメリカ・ファースト」政策を打ち出して、中国や北朝鮮の外交問題をアメリカ（自分）だけで「処理」しようとしました。それなりの成果があったのは確かです。事実、世界中の、そしてアメリカ国内の対中国世論を百八十度変えてしまいました。

その表れの例として、二〇二一年六月には、新疆ウイグル自治区での人権侵害に関わった中国当局者に制裁を科す法案がバイデン政権下で成立しました。上下両院でほぼ全会一致での可決です。それ以前にも、中国問題を検討する共和、民主両党の複数の委員会が、投資、貿易、防衛、諜報工作など、あらゆる領域で「中国が今世紀最大の脅威」という認識で一致しています。

トランプからバイデンへの政権交代で、一時は「アメリカの対中強硬姿勢は和らぐのではないか」という観測がなされ、いくつかの懸念がありました。

前述したように、息子のハンター・バイデン及びバイデン一族が、金銭的に中国と中国共産党とに深い関わりがありました。そのために、バイデン氏はアジアと中国に関しては自分では手を出せないかもしれません。

それから、バイデンは旧式のアメリカの政治家で、主な関心はヨーロッパ。ちょっと足を伸ばして中近東、あるいはロシアで、アジアについては経験、知識があまりないのです。

彼は副大統領時代に何度かアジアを訪問しましたが、結局、実績は何も残していないと言われています。ましてや、オバマ政権は、北朝鮮に関して「戦略的忍耐政策」でした。

二〇一九年五月一日、アイオワ州の政治演説の質疑応答で中国の脅威について質問されたときに、当時予備選挙の候補だったバイデン氏は、このように答えました。

「中国が我々をメタメタにやっつけて、我々の利益を奪うと思うのですか？」

「国内の問題で苦労している中国なので」と前例をつけたうえで、「彼らは悪い人たちではありませんし、皆さん……我々の競争相手にはなり得ません」と断言しました。

物議を醸したこの発言で、バイデン氏が米中関係を正しく認識していないというイメージが固定化しました。バイデン氏が当選した場合には、中国の圧力に屈する懸念が広がりました。

また、バイデン氏は高齢で、認知症が始まっているという未確認の噂があって、本人は当選してから、様々な人の操り人形になるのではないかとよく言われました。そこで、私はバイデン政権の外交スタッフの人事に注目しました。

国務長官アントニー・ブリンケン、大統領補佐官（国家安全保障問題担当）ジェイク・サリバン、インド太平洋調整官カート・キャンベルは、いずれもオバマ政権にいた人物ですが、この三人が実権を握ることになりました。これで大丈夫かと思いましたが、トランプ政権の間に彼らが発表した論文を確認したところ、トランプが打ち出した対中強硬姿勢を認めることがわかって、ある程度安心しました。

このスタッフが健在な限り、バイデン政権の対中強硬政策が揺らぐことはないのではないかと、期待しています。

ただ、アメリカ単独で中国を牽制しようとしてもそれは難しいことが、トランプ政権でわかりました。バイデン政権では、同盟国の力を結集する必要があり、その要が同盟国である日本。そして東南アジア諸国。正式な同盟関係はありませんが、協力国家という位置付けで、連合して中国を封じ込める。これはバイデン政権の対中戦略です。

その布陣が敷ければ、トランプ政権時代より強硬でしょう。言葉こそ柔らかいのですが、対中姿勢は継続して強硬なものです。対中関税も継続していますし、米軍や自衛隊の動きは、より活発になっています。

そこでイギリスも空母を派遣し、オランダの艦船も護衛についてきます。空母にはイギリス空軍はもちろん、アメリカの戦闘機も海兵隊員も乗っています。日本の航空自衛隊のＦ35戦闘機もそこに下りるという話もあります。

トランプ政権下でこれができなかったのは、「カウボーイ精神」が邪魔したからでしょう。しかしバイデンは共同戦線方式です。このほうが中国には脅威のはずです。

ここで日本に対する期待が確実に増していることを忘れてはなりません。

独裁者・習近平の末路

イギリスが空母を派遣するのは、もちろん香港問題で〝メンツ〟をつぶされたからです。相手の顔を立ててイメージをよくしておけばいいのにと思うのですが、独裁国家はそういうことを考えないのです。香港は二十五年後には完全に自分のものになるのに、独裁者はそれが待てなかった……。天安門事件のときと同じように、二十五年を待つ間に民主主義が中国内部に飛び火してしまうと大変なことになる。習近平には、そんな焦りがあったに違いありません。しかも二〇二一年は「共産党結党百年」という節目の年でもあります。自分がトップにいるときに香港を取り返したという勲章が欲しかったかもしれません。

その結果が「国家安全法」です。将来、香港の民主主義運動が中国本土に飛び火することを恐れたものですが、その結果、ほかにどんな影響を及ぼすかまでは考えなかったのでしょう。考えていたとしたら、民主主義国家を敵に回しても構わないという覚悟でしょうが、おそらくそこまで想定していなかったでしょう。案外、場当たり的です。独裁者は、戦略を間違えやすいのです。

また、この結果、台湾にいた親中派に冷水を浴びせてしまった。それまで台湾には香港と同じような「一国二制度」でもいいかと考える人たちがそれなりにいたのに、いま中国の話に耳を傾ける人はほぼいなくなってしまった。蔡総統が驚くほどの高い得票率で再選を果たしたのは、その表明です。これで台湾統一問題は先送りです。香港民主化運動に対する弾圧がどのように進むかにもよりますが、おそらく台湾は、最低でも今後二十年間は、中国と統合したいという世論には戻らないでしょう。イギリスとの条約を平気で反故にしてしまったために、習近平は「裸の王様」になりつつあります。

ウイグル問題は解決に向かうのか？

新疆ウイグル自治区に対する弾圧は、主にイスラム教の過激派に対する恐れから始まったと思います。放っておくとその病が中国国内全土に伝染してくる。そのために宗教を消したいというのが真の狙いではないかと思います。すべての宗教や準宗教（法輪功など）に関しても、中国共産党の権力に対する挑戦勢力に発展することを懸念しています。

とはいえ、テロリストを取り締まるという名目の陰で、中国人（漢人）をウイグルに送って、あっという間に支配したことは事実です。テロ対策は便利な口実で、本当はウイグル文化を抹殺して、自治区を完全に制覇する狙いでしょう。砂漠のイメージが強い土地ですが、いたるところにオアシスがあって、天然資源と豊富な農産物が穫れる豊かな土地だからです。

アメリカは「ウイグル人権法」などを成立させて圧力をかけています。中国共産党はその圧力を受けて素直に方針を変えるとは考えにくいのですが、国際社会が継続的に不正を指摘することは極めて大きな意味を持ちます。具体的な制裁、「ウイグルの強制労働によって生産された製品を使ってはいけない」などという形で圧力をかけ続けることはそれなりに有効でしょう。中国にとって「不利」な状況に持って行かなければなりません。ウイグル産の綿花を使用したユニクロや無印良品、H&Mなどが槍玉にあげられています。

これだけでは中国がすぐに態度を改めるはずはないのですが、それを訴え続けることは大事です。人権問題の解決には時間が掛かるので、国際社会の意識を高めて、関心を持ち続けてもらうことが必要不可欠です。

「強い中国に従え」という理屈

中国は、内モンゴル自治区やチベットには激しい弾圧を加えましたが、習近平政権以前は、あまりウイグルを締めつけてこなかったという印象があります。しかし漢民族を植民させて人口を増やし、彼らの言語と宗教を奪って同化させ、中国の一地方に組み入れようとし始めてからおかしくなったのです。

やはり中国共産党にとって、イスラムという宗教が邪魔なのです。共産党は原則として宗教を認めません。自分たちの教義が〝絶対〟なので、宗教は敵対するものでしかないからです。

しかし、ウイグル人はイスラム信仰を捨てないでしょうし、モンゴルもチベットも、仏教から離れようとはしないでしょう。

なぜそこまでして、習近平は弾圧しようとするのか？　「そこに利権があって、それを漢民族が独占したいからだ」と、内モンゴル自治区（南モンゴル）出身の楊海英・静岡大学教授は語っています。「共産党の指導で進歩した地域にしてやるんだ」という特権意識もあるそうです。「その恩もわからず独立運動をしている。そんな奴らは叩き潰してしまえ！」と考えているのかもしれません。

ウイグルだけでなく、内モンゴル自治区も同じです。ここではモンゴル語教育を禁止するという措置が発表され、中学校以上の教育機関で、モンゴル語は「国語」という科目として教えられるだけで、それ以外の教科はすべて中国語で実施するというのです。「理由が、極めて乱暴だ」と楊海英さんは憤っています。

中国の論理は「モンゴル語は近代化に不向きで、〝先進的な中国語〟で教育したほうが、モンゴル人の地位向上につながる」というのだそうです。特定の言語が近代化に向き不向きかなんて、誰が決められるのでしょう。何の根拠もなく、自分たちを「世界一優秀な民族で中国は天下の中心」と考え、それを押し付ける。学校教育からモンゴル語をなくして、モンゴル人の母語を奪う。それで中国化させる。これは文化的ジェノサイド以外の何物でもないのです。

楊海英さんによると、中国人（漢人）は、自分自身が字も読めない人でも、モンゴル語とチベット語、それに日本語やロシア語などを自由に操るモンゴル人を「野蛮人」、「草地の韃子（ダーツ）」と呼んで差別するそうです。彼らは「自分たちが一番優れた人種で、その他の民族はすべて劣っている」という中華思想を改めようとしないのです。

その結果、内モンゴルのモンゴル人はかなり中国人と同化していきました。それでもウイグルはなかなか言うことをきかないから、「いっそ、抹殺してしまえ」ということで「民族浄化」を始めたというわけでしょう。

モンゴル人からモンゴル語を奪う

内モンゴル自治区を、現地のモンゴル人は「南モンゴル」と呼ぶそうです。日本人はモンゴル共和国と、中国の内モンゴル自治区の区別がつかないのですが、もともとはこの二つは同じ国だったのです。

内モンゴルは中国の北部、北隣は独立国のモンゴル国（旧モンゴル人民共和国）で、内モンゴルとモンゴル国の人たちは同じモンゴル族です。なのに、内モンゴルの人たちだけが中国の支配下にあります。

それは、近代以降の内モンゴルが、日本と中国の二重の植民地だったからです。第二次世界大戦が終結した際、ソ連軍とモンゴル人民共和国の連合軍が日本の植民地統治を解体して内モンゴルの人たちを解放したのですが、結局内モンゴルは中国の支配下に置かれてしまいました。それは、中国が自国の周辺に住む少数民族を「昔からの臣民」とみなし、植民を進める地域を「有史以来の固有の領土」と主張してきたからです。そして当地の少数民族を虐待し、それを「民族解放」と主張するのです。

そして新たに侵略して占領した少数民族の土地では「社会主義建設」の美名の下「同化」が強制され、少しでも抵抗すれば、容赦ない虐殺が繰り返されます。これはモンゴルだけでなく、ウイグルもチベットも同じです。

現在、内モンゴルで行政や経済を取り仕切っているのは中国人なので、中国語ができないと就職もできません。また学校での中国語教育を強制し、モンゴル語やモンゴル文化を教えることを制限していますが、先述したように中国政府は、「モンゴル語は先進的な科学技術や中国流の思想道徳を教えるのに不向き」などと理不尽な説明をしています。

このように民族の文化教育を制限し、民族のアイデンティティを喪失させようとしているのですが、これに反発するモンゴル人は、ことごとく逮捕されているそうです。「公安当局は抗議デモに参加した住民の顔写真を張り出し、逮捕に協力をした者には懸賞金を与えると布告している」と、楊海英氏は語っています。こうした強硬政策で、反対者を一気に炙り出し、一網打尽に捕らえ、刑務所に送ろうとしているのです。

逮捕者が刑務所から出られず、「思想教育」と称して強制労働を強いられるのは、ウイグルと同じです。たとえ刑務所で死亡し、家族が遺体を持ち帰りたいと懇願しても、当局は引き渡しを許しません。

民族の言語や宗教を長期的に圧殺し、民族のアイデンティティを失わせて、漢民族への〝同化〟を迫るのが中国のやり方です。このままではいずれ、ウイグル問題、チベット問題と同様に、モンゴル問題そのものが消えてしまう可能性があります。それを中国政府は

「合理的な解決法」として目論んでいるのですが、そんな民族浄化を許すわけにはいきません。

チベットにもくすぶる反乱の火種

チベット自治区にも反乱の火種がくすぶっています。ここでは一九五一年の中国による〝併合〟以来、何度も抵抗運動が繰り広げられ、頂点に達したのが一九五九年の「チベット動乱（独立運動）」です。中国に占領されて抑圧され、経済的搾取や社会的差別、果ては環境破壊にさらされたチベット人の不満が爆発したものですが、この騒乱での死者・負傷者・捕虜者は九万三千人に上りました。俗に「中央チベットの大虐殺」とも呼ばれます。

生命の危機を感じたダライ・ラマ十四世はインドに亡命しました。インドへの国境越えの直前、チベット臨時政府樹立を宣言し、現在に至っています。法王を慕ってチベットの民衆八万人もインドへ亡命しました。その後も幾度となく「反乱運動」が勃発するのですが、いずれも鎮圧され、国際社会も大きな声を上げてきませんでした。

「一九五九年のチベット占領から六二年までに、中国人はチベットの寺院の九八％を破壊し、九九・九%の僧侶・尼僧を追放した」と、亡命政府のセンゲ首相は語っています。弾圧は宗教だけにとどまらず、チベットの文化も習慣も、伝統的な衣服の着用も禁止され、毛沢東の詰襟服の着用を強いられたそうです。「チベット人が生きていく上で関わりのあるすべてを削ぎ取られ、チベット文明は完全に破壊された」そうです。

しかし、チベット人は亡命先のインドで、「レンガを一つひとつ積み上げるように」(センゲ首相の言葉)チベット文化の再建を進めているそうです。

インドやアメリカのように、中国の意向に左右されず、チベットを支え続ける国々の存在が、彼らを支えているのです。アメリカの大統領は必ずホワイトハウスに法王を招き、予算の中に堂々とチベット支援の項目を立てています。日本もその支援の輪に積極的に加わり、チベットを助けていくべきだと、私は思います。

現在の懸念は、高齢を迎えたダライ・ラマ十四世の後継者を中国が勝手に指名しようとしていることです。中国はダライ・ラマを制すれば、「チベット人の背骨を砕ける」と考えているのです。日本が中国に支配されないためにも、チベット人がチベットで普通に生きていけるように、日本人ももっとチベット問題に関心を持つべきだと、私は思います。

他民族を一緒くたに「中華民族」にしてしまう

習近平と共産党政権は、チベット人、モンゴル人、ウイグル人を別の民族として認めていません。でも私がモンゴルに行ったときに「面白いな」と思ったのは、モンゴルには十九の民族がいますが、それぞれを同化させようとせずに大事にしていることでした。言葉は似通っていますが、それぞれの衣装も違います。色が違うし、帽子の形が違います。それは紛争を起こさないための知恵です。

楊海英氏によると、「もともとモンゴル語は穏やかな言葉だったのに、中国に支配された内モンゴルでは、中国語の影響を受けて言葉遣いが荒くなっている」そうです。「北のほうのモンゴルの言葉はとてもきれいなのに」と残念がっていました。

でも中国は、「わが国には人種差別なんてない」と主張します。でもそれは相手の個性を認めようとせず、一緒くたに「中華民族」にしてしまうからです。チベットとウイグルに関しては「野蛮」だけど、「それでも中華民族だから、漢人と同じレベルに引き上げてやらなければいけない」と考えているのです。しかし、ウイグル人とチベット人自身はそう思っていないのです。

中国は、ウイグル人がテロを起こすと主張しますが、それは順序が逆です。中国勢力の漢人が入り込むから、騒乱が起きるのです。強引に「中華民族」にしようとするからテロが多発するのです。

モンゴルに行ったとき、お寺に行ったことがあります。長い間ロシアの影響下にあったので、維持管理ができていませんでした。古くて汚いけれども、人が集まってきます。仏教の集会が開かれていました。講師はチベット人で、チベット語で喋るので逐次通訳が入ります。動きが遅いし、つまらないので、子どもは退屈していますし、年寄りは寝てしまう。でも、どんな形であれ、宗教が根づいていることに感心させられました。

それにしても、中国には五十六の少数民族がいます。でもモンゴル、チベット、ウイグル以外には干渉しない。それは民族のDNAが違っても、漢語を話して、漢人と同じような生活をしているからです。観光客が来たときだけ民族衣装を着て踊る、すると観光客がお金を落としてくれるという仕組みです。

でも、ウイグル族やチベット族、あるいはモンゴル族はそうはしないので、それが憎いのかもしれません。

しかし、言語を取っても、中国には本来、百以上の言葉があるのに、現在の学校教育はそれを無視して、北京語だけに統一しようとしている。でも北京語はそもそも清王朝によって作られた言葉です。清（満洲人）が中国を支配した際に、中国人同士で言葉が通じないので、それではいけないと、清が漢民族の公用語にしたのが北京語だそうです。いまでも揚子江を境に、南北で言葉が異なります。

それはともかく、習近平はそんな清のシステムに学ぶべきだと思います。支配者になった清は、漢族たちを厳しく弾圧することはしなかった。実質は漢族に支配させておき、トップは満洲族という方法です。このシステムで統治すれば、ウイグルやチベット、モンゴルも「習王朝」に恭順したと思うのですが、いかがでしょうか。

一帯一路は新植民地主義でしかない

習近平は、国家主席に就任してまだ間もなかった二〇一三年、中国の周辺外交の軸として、また新しい対外開放戦略の一環として、「一帯一路」構想を打ち出しました。正確には「シルクロード経済ベルト」と「二十一世紀海上シルクロード」を合わせたものですが、アジアとヨーロッパを陸路と海上航路でつなぐ物流ルートをつくって、貿易を活発化させ、経済成長につなげようというものです。

でもこれは、中国による「新植民地主義」でしかありません。大昔にヨーロッパがやったのと似たやり方で、「借款」を押し付けて借金漬けにし、返済できないときには植民地にしてしまうという考え方です。主に発展途上国に多額の借款を提供したり、港湾や鉄道、道路、発電設備などのインフラを整備して、それを何十年かの期間で返済してもらう仕組みです。しかし最近、アジアやアフリカの途上国も「債務の罠」に気がつき始め、警戒が強まっています。

投資を受けた途上国は、インフラ整備のために受けた借款を本当に返せるのか、経験がないからわからない。借金が膨らんで返済できなくなってしまうという問題が起こる。これが「債務の罠」です。

アメリカの研究機関「世界開発センター」の調査では、ジブチ、キルギスタン、ラオス、モルジブ、モンゴル、パキスタン、タジキスタンなどが、この「罠」にかかっているとされています。このプロジェクトを通じて、それぞれGDPの四五％以上を中国に依存していて、支配権を中国政府に明け渡すことになる危険性があるのです。アフリカ諸国は、中国が国家別に資金を貸し付けている国の上位五十カ国の半分を占めていて、負担が大きいといいます。

アフリカの国ではありませんが、例えばスリランカ。中国から融資を受けてハンバントタ港という大きな港を建設し、港を利用する船からの使用料で借金を返済しようと考えましたが、地理的に不便な位置にあるので利用が伸びず、投資資金を十分に回収できなかった。それで仕方なく、「返済の代わりに全面的に中国に港を貸す」という形で、九十九年間にわたって港の運営権を中国に引き渡してしまったのです。

九十九年間というのは、イギリスが香港を統治していた期間と同じです。今後インド洋で、中国海軍のプレゼンスが高まるという危機が生まれました。

私は、一帯一路は単なる経済支援ではなく、中国が安全保障上の権益を睨んで展開していると考えています。だから「新植民地主義」と呼ぶのです。中国は最初から、経済的合理性よりも政治的な戦略性を優先して、そういう国を借金漬けにし、自分たちの影響力を強くしようとしていたのです。

中国はスリランカのハンバントタ港のほか、先述したようにオーストラリアの港でも九十九年間の運営権を獲得していますが、インド洋では中国からヨーロッパに向かう海上交通路（シーレーン）の要衝を見事に押さえています。しかも、オーストラリアの港は、アメリカ海兵隊が駐留しています。その首根っこを押さえたというわけです。

これだけを見ても、「相手国のインフラ整備援助」などは名目に過ぎず、政治的戦略性が強いことは明らかです。

中国がインド洋で押さえた港の形状を「真珠の首飾り」と呼びます。インド大陸を人間の顔に見立てた場合、中国が整備した港が「首飾り」の形のようになっていて、海上航路でつながっています。中国によるインド包囲網です。中国は、こうしたインド洋の港に軍艦や潜水艦を寄港させています。港の運営権を取得すれば、こういうことも可能です。インドはそれに反発し、中国と対立しています。だからこそ日本はインドと緊密につながる必要があるのです。

しかも、先ほどの楊海英さんによれば、中国のインフラ整備工事は、現地の経済にまったく恩恵をもたらさないそうです。例えばキルギスで金鉱が発見されたとき、中国は周辺に工場を建設したのですが、そこで現地の人間を雇おうとしないのです。労働者はもちろん、コックや性産業の女性まですべて中国人。せめて現地の人間を雇い入れてお金を還元すればいいのに、開発から作業まですべてを独占して利益を持ち帰るのだそうです。ほんの一部、現地に落ちるマネーは、政治家や政府の役人がポケットに入れてしまうと言います。それでは現地は何の恩恵も受けない、むしろ迷惑でしかない。でも中国はアフリカ諸国にも東南アジア諸国にも、まったく同じ手法で、多くのプロジェクトをこなしてきました。

キルギスとラオスは、中国の最大の債務国だそうで、貧しい国々は潤沢な貸付金に目が眩んで、それが破滅への道だとわかっていても、踏みとどまることができない。しかし、「一帯一路」の開発計画に乗っても、まったく現地の利益につながらないので、現地からは反発が広がっています。

中国には「約束を守る」意識がない

香港に話を戻します。香港はウイグル、チベットとは違って、植民地主義の延長線上にある問題です。よくご存知のように、清がアヘン戦争に敗北した結果、九十九年の約束でイギリスに租借しました。その間、香港には民主主義的な空気が育ったのに、返還時期がやってきたということです。イギリスは返還するほかなかったのですが、いまとなっては返さなくてもよかったのではないかという気がしないでもありません。

中国は「一国二制度を五十年間遵守」と約束したのに、半分の二十五年間で、その約束を反故にしたということです。「でも中国は、よく二十五年間も守ったな」と、私は逆に思います。「五十年なんて、そもそも無理だった」というのが本音です。

返還当初は、中国本土と香港には経済格差がありすぎて、中国本土の人々は香港の価値をイメージできなかったのです。しかし、ある程度中国経済が発展すると、往来が可能になります。そして香港の魅力に気づいたのです。そこで「香港は中国の一部」と強硬に主張し始め、中国共産党はこの意識を利用して、強引に香港を「中国」にしてしまったというところでしょう。

その一方で、香港の民主主義が内地のほうに飛び火するのを恐れ、恐怖のプロパガンダを仕掛けたということです。でも、「五十年間、香港の半独立性、民主主義を守るという約束はどうなったんだ」と、香港の人が怒るのは無理もありません。

「約束なんて紙切れ同然」というのが中国なのです。よく「中国は法治が通じない国で人治しかない」と言われますが、たとえ契約を交わしても、いつ破棄されるかわからない国としてやってきたのが中国です。確固とした憲法があって、その精神に基づいて国を運営していく国家ではないのです。

最近はだいぶ落ち着いてきましたが、ひところ、巨大な中国市場を目当てに、外資系企業が中国に大挙進出しました。初期のころには、その大半が苦渋をなめています。まったく法整備ができていないからです。「人治主義」なので賄賂が横行します。

ある日本の不動産会社が上海でビルを建設したときの話です。担当者は朝から晩まで、当局の役人の接待が主な仕事だと言うのです。機嫌を損ねると、ビルごと没収されてしまいます。中国で法人を設立する場合は「合弁」以外には選択肢がなく、しかも持ち株比率は五一％中国側という条件が付いているからです。それほど、法律が杜撰だったのです。

中国では土地はすべて国家の所有なので正確には「所有権」ではありません。「使用権」でしかないのですが、それでもそんなに苦労します。でもせっかく建てたビルを失いたくないので、担当者も必死です。

中国共産党は寄生虫である

そういう意味で、中国共産党は「寄生虫」です。自らが生産性を上げるわけではなく、いわば「奴隷制度のマスター」でしかない。

二〇二一年の統計によれば、中国人民十四億人のうち共産党員は九千五百十五万人です。彼らが何をするかというと、思想教育をするだけです。企業経営者は別に存在するので、彼らに経営能力があるわけでもなく、なんの付加価値もないのです。

国営企業にしても、国家のバックがあるから潰れないだけの話で、実質の競争力は、それほど強くないのではないかと思っています。民間企業では巨大企業に育っているところもありますが、そこにも共産党員が入らないといけない決まりがあります。

とすると、生産性を度外視した余計な費用がかかります。しかもアリババの例のように、自分たちの枠を飛び超えようとすると抑えつけます。

藤子不二雄さんの漫画『ドラえもん』のいじめっ子、ジャイアンが言うように「おまえのものはオレのもの、オレのものもオレのもの」というのが共産主義です。

いちばんわかりやすい例はロシアです。共産主義体制が転覆し、民主主義に形が変わりましたが、共産主義崩壊の原因は、従業員も経営トップも、上から指示されない限り動かず、自ら工夫をこらして新しいことをしようという意欲が皆無だったからです。

中国はその悪しき先例を見ていますから、その轍を踏まないために必死でしょうが、アリババのケースなどを見ていると、これからもうまくいくとは思えないのです。

私は、これがいずれ重荷になって、国際競争力が下がるのではないかと考えています。もしそうなったら、中国共産党の役目も終わる。それを待ち望んでいます。

そして中国の指導者は、実は国家のことなど何とも思ってないケースが多いのです。一族と家族の利益のためだけに動きます。例えば共産党のいいポストについていても、「家族が裕福にならないと何にもならない」というのが、彼らの考え方です。もっとも、重要ポストに就いていて家族が豊かでない例は、ほとんど見られません。大抵の場合、いろいろな裏金が懐に入ってくるからだと、私は睨んでいます。

「自由を侵害された香港」に日本はもっと声を上げよ

「香港国家安全維持法案」が可決され、香港の「自由・民主」「基本的人権」「法の支配」が崩れ去ったのは、つい昨年のことです。

これに対して、トランプ前政権は、中国当局者らへの「査証（ビザ）発給の制限」という制裁措置を打ち出し、米中経済の「完全なデカップリング（分断）」もあり得るとも警告しました。バイデン政権も対中強硬策を打ち出しています。

ただ、国際世論が中国に与えられる圧力は、非常に限定的というのが現実でしょう。香港で自由な思想は困難となり、ネットの閲覧も制限されて、「民主派」の人たちが国家安全法違反容疑で次々に拘束されています。海外渡航の規制や、教育面でのプロパガンダの押し付けが強化され、企業の国有化も考えられます。ウイグルやチベットのように民族・宗教の弾圧を受け、当局の指示に従わなければ「思想の再教育」もあり得ます。

こうした自由の侵害は、本来であれば中国にメリットなどないはずです。デモ隊を力で抑えつける映像はSNS上で拡散され、国際世論の激しい批判を浴びています。香港経済の先行きが不安定になるのも必至です。

それでも力による制圧に頼るのは、中国が大切にしているのが中国人の幸福より「共産党員の幸福」だからだと思います。香港で民主主義の存続を認めれば、中国本土の市民が民主主義を訴え始め、国民を抑えることができなくなると思い込んでいるからです。

つまり、中国共産党の権力が揺らぎ、反共産主義が広がることを恐れているので、そこに、国民の権利や幸せを守ろうという考えは毛頭ありません。

世界のどこを見渡しても、共産主義国家で人々が幸せになった例はないのです。一部の権力を守るための仕組みを延々と続けるだけなのです。

そんな「悪」がアジアで増大しているのに、なぜか日本は静観しているだけのようにも見えます。

日本には、日中関係を重視する政治家や財界人が多くいますが、彼らにとって「人権」とは、外交や経済よりも優先順位が低いのでしょうか。日本が「アジアのリーダー」を自任するなら、政治家もマスコミも、そして国民自身も、もっと自覚を持って声を上げるべきだと思います。

第五章

プロパガンダの情報操作メカニズム

プロパガンダの六つのカテゴリー

これまで述べてきたように、中国と中国に操られた勢力が日本を侵食し、情報や財産をかすめ取られるリスクは、日に日に増大していくばかりです。政治的、軍事的な意図を隠して巧妙に対象に近づき、情報を得ようとしている危険性は、いま日本国内に暮らす私たちのすぐそこにもあるかもしれません。

そこで参考になるのが、スイスの民間防衛における「対スパイ、工作員に関する記述」です。永世中立国のスイスが、強力な「民間防衛軍」を備えていることはよく知られていて、「有事の際には全国民が兵士となって戦う」ことを義務付けています。その防衛力は強大で、あのヒトラーでさえ、スイスには牙を剝《む》かなかったほどです。「永世中立」を標榜するスイスでさえ民間の防衛意識が高いという事実は、まさに「性善説」に染まっている日本人への貴重な警告になるはずです。

国民の安全保障意識を高めるために民間防衛教育も徹底していて、スイス政府は東西冷戦時代には『民間防衛』という本を、各家庭に配布していました。日本語版翻訳は原書房から出版されています。そこに情報戦争を想定した「戦争のもう一つの様相」という章があり、「敵は同調者を求めている」「外国の宣伝の力」「経済的戦争」などの項目が並んでいます。それによると、敵による〝武力を使わない情報戦争〟は、次のようなステップを踏んでいくと想定されています。

・第一ステップ：工作員を政府の中枢に送り込む。
・第二ステップ：宣伝工作。メディアの掌握、大衆の意識を操作。
・第三ステップ：教育の掌握、「国家意志」の破壊。
・第四ステップ：抵抗する意識を破壊し、「平和」や「人類愛」をプロパガンダに利用する。
・第五ステップ：マスコミなどの宣伝メディアを利用して、自分で考える力を奪っていく。
・最終ステップ：ターゲットとする国民が無抵抗で腑抜けになった時点で、大量の移民を送り込み、実質的に支配する。

日本は、どの段階にあるのでしょうか。もしかしたら最終ステップの一歩手前かもしれないのです。でも、最終ステップに入る前ならまだ間に合います。世の中の出来事やマスコミの動向、世間の風潮によく目を凝らし、気になることがあったら、背後にスパイやスパイに操られた人たち、彼らが展開するプロパガンダの可能性を疑ってみてください。スパイやプロパガンダを発する人たちは、自分の立場をあからさまにはしません。決して、スパイ映画のように派手な行動は取ったりしないのです。むしろ、ごく普通の〝庶民〟のような顔をして、一般的な話題で人間関係を築いていき、徐々に自分たちに有利な方向に考えるよう、誘導していくのです。

もっとも、国民にいきなりスパイを見破る教育をする前に、しっかりと法整備をして、「スパイ天国」の現状を是正することが急務なのですが、これについては後述しましょう。

前述したように、アメリカも一種のスパイ天国ですが、それでも日本と比べてスパイやプロパガンダに対抗できる力があるのは、日本人のように「性善説」の立場でないこともありますが、教育の場できちんと、プロパガンダについて教えているからでもあります。

私の場合は、高校の国語の授業で、それを教わりました。当時の脅威はソ連でした。まだ全面核戦争の恐怖に世界が覆われていた時代です。ソ連はあの手この手でプロパガンダを仕掛けてきて、反対にアメリカや同盟国の西側諸国も、ソ連とそれに味方する東側諸国に同じような方法で対抗していました。

したがって、アメリカ国民は幼い頃から、共産主義と戦うために、プロパガンダの恐ろしさと、「嘘」を見抜く方法を教えられてきたのです。「誰を信用すべきか」「何を信用すべきか」を、授業で学んできたのです。

情報を疑う力を身につけよう

プロパガンダによって洗脳してくる勢力に対して、私たちが個人としてできる対抗手段は、日々流される情報をよく思考して、まず以下の項目を検討するくせをつけることです。

・大本の情報源、出所はどこなのか？
・誰がその情報を流している可能性があるのか？
・話し手やメディアの背景に誰がいるのか？
・情報の根拠は信頼できるのか？　オリジナルのデータやファクトはどれか？

放送番組、印刷媒体、ネットのニュース、SNSのツイッターなどを見るときに、この項目を確認すること。さらに言うのなら、特にSNSなどでは、自分からの発信がこの項目に反していないのか、確認した上で発信しなければ、貴重な信用を失う危険性があることを忘れてはいけません。

「印象操作」を見抜く

また、大手メディアもＳＮＳも、巧妙に「印象操作」をする場合があるので、注意が必要です。わざわざ手を加えて操作し、印象を捏造して嘘をつくのです。例えば、特定の相手を誹謗中傷しようとする場合、直接的なコメントを加えると、意図がすぐにバレてしまいます。そこでその人物が悪い印象を受けるように写真を操作したり、好感の持てない表情の写真をわざわざ挿入するという具合です。よく「指名手配写真」を見ると、「いかにも」と思います。これは、「指名手配＝悪い印象＝悪い人物」という形で、私たちの脳の中に〝刷り込み〟がされるからです。印象操作もこれを応用したもので、「悪い印象＝胡散臭いやつ＝決してまともじゃない」という刷り込みを意図したものです。

印象操作は、発言ほど明確でなく、巧妙に行われます。よほど気をつけないと、間違った方向に誘導されてしまうのです。そこで、発言内容だけでなく、こんな点に注意してチェックしてください。

①言葉、表情、態度、ジェスチャーなどに不自然な点はないか？

②文字と絵、写真などは自然な感じがするか？
③音声と映像は意図的に誇張された感じがしないか？
通常は、情報源が増えれば知識の幅が広がり、理解力や判断力が増すはずです。しかしその最初の段階でバイアスがかかっていると、むしろ逆効果です。つまり、メディアから受け取っている情報は、その人の人生までを大きく左右することもあります。

プロパガンダの見破り方

プロパガンダかどうかは、仔細にチェックすれば見破ることができます。そこには次のような誤謬が含まれています。そこで、こんなことをチェックすることから始めてみてください。

①「二者択一」に注意

一見もっともらしく見える論理でも、よくよく考えると、辻褄が合わない場合があります。一つひとつ、論理を検証しながら、「その論法は正しいか」を検証していく姿勢が大事になります。

例えば、味方なのか敵なのかなどという「二者択一」を迫られる場合がありますが、これを押し付けることによって、「もう一度よく考えて判断する」という選択肢を、わざと見せないようにするテクニックです。

②「誇張」「数字の一人歩き」に騙されないこと！

「誇張」にも騙されてはいけません。すぐに「嘘」と見破れる場合はいいとして、特に注意すべきは「数字の一人歩き」です。伝言ゲームのように「多くの愛用者がいます」が次第に「何万人」から「何百万人」になったりしていきます。投資話では「この日は五十万円儲かった」が、次第に「絶対一日で五十万円儲かります」となっていきます。

このテクニックを使っているのは韓国が主張する「慰安婦」や「徴用工」、あるいは「南京で三十万人の大虐殺」の問題です。「慰安婦」はいましたが、それは決して軍が強制連行したものではないのです。でもいつの間にか「従軍」という冠がついて、最初は二万人だったはずが二十万人になっていきました。しかも「性奴隷」という表現も加わっていったのです。「南京大虐殺」でも、三十万人というのは、当時の南京市の全人口よりも多い数なのです。

③不合理な推論に気をつける

これは一見、論理的なように見えて、よく考えれば間違っていることを押し通すテクニックです。例えば〝護憲派〟がよく口にする「憲法九条を変えれば戦争になる」という理屈です。論理性で言えば、「憲法九条を変えなければ戦争になる」も同等の表現です。日本が改憲したから戦争が誘発されるのではありません。それには関係なく、「戦争を起こすかもしれない」相手がいる限り、戦争の危険性は常に存在するということです。万が一「九条を変えたら戦争になる」と主張するのなら、それを変えた結果、日本の軍事力や安全保障体制がどう変わるかを検証してからでないといけません。

④ 話をごまかすテクニックを見破る

特に、「さも立派で感情を揺さぶる美しい主張」の場合、多くは根拠が薄弱で具体性に乏しいのです。わかりやすい例が「平和を守ろう」とか「戦争のない世の中にしよう」というフレーズ。「まさしくごもっとも」なのですが、「平和」も「戦争のない世の中」も、それがどんなものなのか、判然としません。それならばせめて、「どうしたらそれを実現できるのか」を明らかにしてからにしてもらいたいものですが、自分たちは具体策を示そうとはしません。そして、相手がいかにも平和を踏みにじり、戦争をしたいかのようなイメージを与えるために使うことが多いのです。

⑤「レッテル貼り」に要注意

これは露骨で原始的なプロパガンダの手法で、「あいつは……だ」と決めつけることで、論争をするまでもない〝低劣な人間だ〟というイメージを植え付けるのです。私自身も、いくつもレッテルを貼られています。

「ケントはネトウヨだ」「歴史修正主義者だ」「人殺しの自衛隊の味方だ」……などなど。一方的な決めつけで見る人の考えを固定化し、その点だけを取って相手を攻撃するのです。短くてキレがよく、力強いフレーズだと効果は絶大です。トランプ前大統領が連発した「フェイクニュースだ」というフレーズも、レッテル貼りです。

⑥「恐怖心や偏見に訴える手法」を見抜く

人々の恐怖心を刺激するのは、プロパガンダの基本です。「憲法改正は徴兵制の復活につながる」というのも、「もしかしたら子どもが戦場に送られてしまうかも」という親の恐怖心につけ込んだプロパガンダです。

大衆の偏見を刺激するというテクニックもあります。「扇動」と言っていいかもしれません。攻撃したい相手を「劣った者」と位置づけ、見下すように仕向けるのです。先ほど述べたように「ウイグルの人たちは民族的に劣っているから、優れた漢民族が導いてあげなければならない」というのも、これです。この論理を前面に押し立て、中国はウイグルを大弾圧しています。

人種や国籍によって、他人を差別するのはよくないことですが、これはむしろアメリカが本場で、どうしても白人至上主義が抜けきれない人たちがいます。

アメリカ社会は、とにかく人種問題を避けて通れない社会です。意図的、人為的に問題を作り出し、それを政治的に利用するのを目論む輩が多いのも事実です。大統領選挙などはその典型的な例で、人種問題を煽ることでRacism（人種差別）とそれに反対するAnti-Racism（反人種差別）という単純な構造に持ち込んで論争を巻き起こせば、そのほかの重要な問題から論点をすり替えることもできます。

先ほども紹介しましたが、いまアメリカ社会で論争になっている「批判的人種理論」(Critical Race Theory）もそのひとつです。「アメリカ社会で成功するためには、それぞれの個人的背景や属性などより、人種、つまり肌の色が最重要課題である」というもので、「Colored（黒人や他の有色人種）は相変わらず白人に差別されていて、この対立構造がアメリカ社会の大問題である」と主張しています。

もちろん、これに反対する人たちもいます。「学校ではこれが教えられている。そしてその中で白人の子供に謝罪文を書かせている。こういうことは速やかに廃止しろ」と声を挙げています。実際にそんな謝罪教育をしている学校があるのも事実ですが、声高にそれを唱えるのは、リベラル学者、分断政治を利用する左翼政治家、BLMなど、明らかにアメリカを社会主義、共産主義にしたい人たちです。

彼らは中国に支えられ、操られて、アメリカ社会の対立と分断を煽る中国の片棒を担いでいます。

私は「批判的人種理論」が正しいとは思いませんし、まして「白人は生まれつき優位性を受け継いでいるので、必然的にレイシスト（人種差別主義者）である」と決めつける主張にも納得できません。「批判的人種理論」を唱える人たちは、公民権運動を主導したマルチン・ルーサー・キング牧師のことを持ち出しますが、彼の「人は肌の色に関係なく、すべて平等である」という崇高な考えに、まったく反するものです。「白人は存在そのものが罪」という考え方は、それこそ本当のレイシズムなのではないかと思います。

⑦自信や自尊心を失わせるやり方に惑わされない

敗戦後の日本においてアメリカが使った典型的なプロパガンダが、まさにこれです。「日本は敗戦国なので、すべて現状を受け入れるしかない」ことを強調し、「無謀な戦争に突き進んだのは、日本国民に責任がある」と教育していきました。

その結果、新聞やマスコミ、特に朝日新聞が「国民全体が占領したアジアの人たちに詫びよう」とキャンペーンを張り、日本人の贖罪意識につけ込んでいったのです。愛国心も否定されました。その結果、「自虐史観」が生まれ、いまに至るまで日本社会を歪めたものにしていいます。日本人のある年代に、中国や韓国に対してどこか後ろめたい気持ちを持つ人が多いのは、この教育の影響によるものだと思います。

以上、中国のプロパガンダ手法の主だったものだけを紹介しましたが、テクニックは、まだまだたくさんあります。「嘘や策略を駆使する」「誹謗中傷で名声を傷つける」「真理の半分しか伝えず、いいとこ取りをする」「捏造や虚偽情報」「強引に正当化する」などなど……枚挙にいとまがありません。中国はこれをよく研究していて、実に効果的に使ってきます。

ナチスのプロパガンダの特質

これまで述べてきたように、プロパガンダとは精神や理性ではなく、大衆の心や感情に訴え、信念、意見、感情に影響を与え、特定の思想に誘導するために、意図的に使用されます。これを史上もっとも上手に活用したのがヒトラーのナチスです。前項の①〜⑦の手法を、見事に活用していて、感心するほどです。

プロパガンダの語源はラテン語の「propagare（種をまく）で、初めてこの言葉を使ったのはカトリック教会です。宗教改革後、十七世紀に海外普及を促進するために用いられ、当初は悪い意味を持つものではなかったのですが、プロテスタントがこれを批判して以来、現在のような否定的な意味合いで使われるようになったのです。

その後、国家の「情報戦」で扱われるようになったのは、ヒトラーのナチスが「情報統制」で国内外の世論操作に成功し、権力を掌握して以来です。ヒトラーは自著『我が闘争』で、ナチスのプロパガンダの要諦をまとめています。

- **テーマや標語を絞る**
- **あまり知性を要求しない**
- **大衆の情緒的感受性を狙う**
- **細部に立ち入らない**
- **「信条」を何千回も繰り返す**

そうです。前の章で述べた「プロパガンダに騙されないテクニック」の裏返しです。そしてこれを、いまは中国共産党が応用しているのです。

いうまでもなく、「ナチス」と聞いてすぐ思い出すのは、ユダヤ人大虐殺（ホロコースト）でしょう。ヒトラーがその根拠にしたのが「アーリアン学説」です。「アーリア人種であるゲルマン民族（主にドイツ人）は、地球上でもっとも高度な文明を築くことができる人種で、その社会を未開で劣ったユダヤ人や、スラブ人、有色人種から守らなければならない」という理屈です。

ヒトラーは「人種恥辱」という表現をしています。

「ユダヤ人はその静脈にニグロの大きな要素を持っています。その縮れた髪、狼の唇、その眼球の色は、いかなる犯罪も躊躇せず、別の人種の女性の残忍な汚損により、最高の勝利を抱く性的欲望を、何よりも効果的に証明します。この獣の欲望に、かろうじて成熟したユダヤ人の少年でさえも取り憑かれている」

そして「ユダヤ人の存在は我々の不幸だ」「ユダヤ人は悪魔と友達だ」と信じさせるために、学校や集会、ラジオ、ポスター、映画や新聞であらゆるプロパガンダが繰り広げられたのです。ヒトラーは腹心であるゲッベルス宣伝相に、こんな指示を与えました。

「ユダヤ人問題を何度も、何度も、何度も、絶え間なく持ち出してください。どんなに些細な感情的な嫌悪も」

特にヒトラーが活用したのが児童書と教科書でした。反ユダヤを社会に浸透させるには、大人よりも子どもにメッセージを伝えるほうが効果的だからです。ある本では、ユダヤ人は「毒キノコ」として描かれていました。子どもたちは毒キノコが有害であることを知っていて、彼らは毒キノコとユダヤ人を関連づけてイメージしていたのです。

もうお気づきでしょうが、いまの中国にとって「アーリアン学説」にあたるのが「中華思想」に他なりません。中国では中華の民、つまり漢民族を特別な存在と考え、それ以外を〝野蛮人〟扱いしてきました。「東夷」「西戎《せいじゅう》」「北狄《ほくてき》」「南蛮」と呼んで周囲の異民族を差別し、中華の王朝に従わない異民族には〝天誅〟を加えて当然だと考えていたのです。その思想はいまも残っていて、それが弾圧を正当化する根拠になっています。まさしく習近平と共産党は、「ウイグル人を嫌悪せよ」と中国国民に訴えているのです。

ナチスも中国共産党も、異民族を強制収容所に送って弾圧しています。ナチスはユダヤ人をガス室に送って「民族浄化（ジェノサイド）」を目論みましたが、中国はウイグル人を「再教育」という形で洗脳し、時間をかけて自分たちの味方に〝改造〟していこうとしているのです。どちらも残虐な行為ですが、中国のほうがはるかに「したたか」です。

反ユダヤ主義の系譜

ではなぜ、ユダヤ人はこれほど嫌われたのか。反ユダヤ主義は、ヨーロッパにキリスト教が広まった時代からあります。それは、『新約聖書』に記されているように、イエス・キリストの使徒だったユダという人物がイエス・キリストを当時のユダヤの支配層に密告し、処刑の原因を作った裏切り者だからです。そもそもキリストもその使徒たちもユダヤ人だったのに、「神の子を殺したのはユダヤ人だ」と、敬虔なキリスト教徒ほど、ユダヤ人を憎むのです。そして金曜のミサのたびに、「救い主を殺した悪魔の同志で毒蛇の人たちだ」と非難し続けたのです。

イエス・キリストがはりつけにされた約四十年後、エルサレムにあったユダヤの神殿（総本山）が、エルサレムの町とともに、ローマ軍によって破壊されてしまいました。その結果、ユダヤ人は世界に散らばっていきました。貿易や金融業などで生計を立て、成功をおさめたのですが、すると今度は嫉妬心から反感を持たれるようになりました。お金を貸して利息を取るのはカトリックの教義では禁止されていました。そこでシェイクスピアの『ヴェニスの商人』のシャイロックに代表されるような、金に執着する卑しいイメージをユダヤ人は持たれるようになったのです。

ヒトラーは、そんな庶民感情を巧みに利用して、ユダヤ人への憎しみを煽ることで、ホロコーストを正当化していったのです。習近平がウイグルやチベットでやっていることと同じです。

ユダヤ人がなぜ世界に四散したかというと、簡単に言えば、行く先々で迫害を受けたからです。時には追放されたり、土地を持つことが許されなかったりして、極めて差別的な扱いに苦しみました。その代わりに貿易や金貸しなどで富を蓄えたというわけです。お金があるから高等教育を受けることもでき、哲学者や医師、詩人、作家、科学者、芸術家などを輩出している。つまりとても優秀な民族なのです。

ちなみに、ユダヤ人がドイツの市民権を持てたのは、ドイツが統合した一八七一年です。しかし、その前もそれ以後も、なにかあるときは、いつもユダヤ人がスケープゴートにされています。政治的なツールとして使いやすいからです。

一九三三年にヒトラーが政権を奪取してから四五年の敗戦まで、ドイツではユダヤ人は迫害の連続でしたが、この影響を受けてフランス、ハンガリー、イギリス、アメリカでも、ユダヤ人への迫害が起きたのです。

戦前、約四百万人のユダヤ人が暮らしていたロシアは、最後までユダヤ人を強く迫害していました。住む場所を制限していただけでなく、ロシアの秘密警察が捏造文書を出しています。『シオン賢者の議定書』は一九〇三年にロシアで出版されて、その後多くの国で翻訳され、流布していきました。内容は、「ユダヤ人が全世界を制覇しようとしている」という完全なる捏造の陰謀論です。ここから、今もインターネットで拡散されるユダヤ人の世界制覇陰謀論が生まれました。

それを手始めに、ユダヤ陰謀論は、いまでも世界中に根強く残っています。日本人でもまだ信じている人間が多いことに、私は呆れています。

例えばアメリカのブリンケン国務長官はユダヤ人です。私が彼を評価したコメントをネットにあげると、「何言ってるんだ、あれユダヤ人だよ」なんて反論が来ます。確かにユダヤ人ですが、だからといって、ヒトラーが主張したように、我々と「血液の構造が違う」などということはありません。

でも、「血液が違う、非人間的人種で、彼らがいることによってドイツが破壊される」というナチスのプロパガンダは説得力を発揮し、「すべてのユダヤ人の浄化が、ドイツの救いのために必要だ」と学校が教え、科学ジャーナルも研究所もそれを正当化して、一九四一年にはヨーロッパのユダヤ人をすべて抹殺することが、ナチスの正式なポリシーになりました。その結果、約六百万人のユダヤ人が殺されたのです。

ナチスの武器はテロとプロパガンダ

考えてみれば、ナチスは一方ではテロという恐怖を使い、もう一方ではプロパガンダの宣伝工作を駆使したのです。「ドイツの敵に立ち向かう」という名目で、全国民を鼓舞したのです。

恐ろしいのは、ナチスのプロパガンダは、子どもや若者に目を向けたことです。学校や教会にはナチスの教えが浸透し、子どもの教化の重要性が認識され、アーリア人の女性はより多くの子どもを産むように奨励されたのです。そしてナチスの原則とイデオロギーによって男性や若者を訓練し、教育するのを目的とした組織を設立しました。これが「ヒトラー・ユーゲント」です。

もしかしたら習近平も、ナチスと同じような「マスターレース＝支配者民族の創造」を狙っているのかもしれません。ナチスは金髪で青い目の純血だけを残そうとしましたが、習近平の場合は、漢民族を頂点に、周囲にそれを支える人を配置するという構造です。先ほど「中国の方がしたたかだ」といったのは、この意味も含めてのことです。

ナチスは「レーベンスボルン」と呼ばれる秘密のプロジェクトを作り、人種的に純粋な未婚のアーリア人女性とナチスの幹部との間で、秘密裏に出産する機会を与えることを画策しました。センターで生まれた赤ちゃんは、その後、母親から引き離され、SS（親衛隊）に渡されて教育され、育成されるのです。子どもたちの多くは実の両親を知らずに、ヒトラーと党の忠実な僕《しもべ》となるのです。

ではいったい、中国の場合はどうなるのでしょうか？　ドイツ国民がヒトラーに洗脳されて悲劇へと突っ走ったように、中国国民が習近平の思うままに操られてしまわないか……それが危惧されてなりません。

第六章

日本が「インテリジェンス敗戦国」から脱する道

米中の「第二次冷戦」が始まった

前述したように、トランプ政権のもとで米テキサス州ヒューストンにある中国総領事館が閉鎖されました。中国によるスパイ行為と知的財産窃取の拠点だった疑いからです。それどころか、この領事館は、新型コロナウイルスのワクチンに関する医療研究も狙っていたとされ、また米大統領選の妨害や、プロパガンダ工作、黒人差別デモへの資金流入疑惑も指摘されており、米メディアでは「スパイの巣」と伝えられていた場所です。

そしてアメリカ政府が閉鎖を要求した後、総領事館の敷地内から煙が上がったそうです。機密文書などの証拠隠滅を図った疑いが濃厚です。

また、サンフランシスコの中国総領事館に、中国軍との関与を隠して入国ビザを不正に入手した女性が匿われていた事実が明らかになり、後日、ＦＢＩに逮捕されました。

さらに、米国務省は人民日報など中国メディア四社を「外国のプロパガンダ（政治宣伝機関」として規制を強めました。

二〇二一年会計年度国防権限法（ＮＤＡＡ）には、孔子学院の影響力に対抗するための措置が含まれています。具体的には、高等教育機関が孔子学院との契約で、学問の自由を守り、学内で外国の法律を適用することを禁止し、孔子学院の全管理権限を大学に付与しない限り、教育省から連邦資金（学生支援費を除く）を受け取ることを禁止します。しかし、これについて、「全国学者協会」のデイビッド・アゼベド氏は「中国共産党は、孔子学院の規制を回避する方法を常に見つけており、孔子学院が存在する限り、法律の範囲内であろうとなかろうと、回避し続けるでしょう。唯一の真の永続的な解決策は、孔子学院を全面的に禁止することです」と、中途半端な規制を批判しています。私も同感です。

これら一連の事件の結果、今後、中国公館閉鎖の連鎖が起こる可能性もあり得ます。バイデン政権も、トランプ政権同様、中国に対して「厳しい対応」を突きつけているのです。香港やウイグルにおける人権問題やスパイ活動も重なって、アメリカ国内の対中強硬ムードは、もはや後戻りできない状況になっています。

中国も報復措置として四川省成都の米総領事館を閉鎖しました。ここはチベット自治区や新疆ウイグル自治区の情報を収集するのに好都合な場所です。

こんな形で火ぶたが切られた「自由主義国と共産主義国・中国との対立」……これは戦後長らく続いた「冷戦」を彷彿させます。「第二次冷戦」の始まりといってもいいほどです。

台湾を死守せねばアメリカは覇権を失う

いま、世界各地で、そんな「冷戦」が繰り広げられていますが、日本周辺できな臭さが増しているのが尖閣諸島と台湾をめぐる情勢でしょう。

中国は台湾をＷＨＯから締め出したり、あの手この手で孤立させようと狙っています。自由主義国家にとって理想的なのは「台湾独立」ですが、さすがにそれは難しいでしょう。でもあらゆる手段を駆使して「台湾を見捨てることはしない」というメッセージを送る必要があります。それが台湾を勇気づけ、同時に中国を牽制することになるからです。

そこでアメリカの民主・共和両党の国会議員が、Ｃ１３０輸送機に大量のワクチンを積んで、台湾に届けました。「アメリカの軍用機が台湾に着陸した」ということで、中国が大騒ぎをするかと思ったら、抗議はしたものの、国連に動議を提出するようなことには至りませんでした。

実は、二〇二〇年の一年間で約二十三回も日米合同演習が実施されましたが、これも台湾と沖縄周辺の情勢をにらんだものです。合同演習では、アメリカのＣ１３０輸送機に自衛隊の落下傘部隊を乗せ、静岡県富士の米海兵隊訓練所の上から落下する訓練を行っています。中国も、このアメリカの意図はよく知っています。

アメリカの中国に対する警戒感は、かつてないほどに高まっていて、その背景にはウイグル問題、香港問題、西沙諸島、南沙諸島の問題があり、「中国は何をしでかすかわからない」という風潮が広がっています。

イギリスは「面子を潰された」のを怒って空母クイーンエリザベスを太平洋に派遣し、その後、インド洋に常駐すると発表しています。護衛としてアメリカ、オランダの艦船も同行します。中国に対する牽制というか封じ込めが目的ですが、かつて中国に好意的だったヨーロッパ諸国にも「中国は信頼できない国だ」ということが見えてきたわけです。

「インド太平洋調整官」に知日派を起用した意味

バイデン政権は、ホワイトハウスの国家安全保障会議（NSC）に新設するアジアを含むインド太平洋地域の政策を統括する「インド太平洋調整官」に、カート・キャンベル氏を起用しました。

キャンベル氏は、アジア重視政策が道半ばに終わったバラク・オバマ元政権下で、国務次官補（東アジア・太平洋担当）を務めた「知日派」です。米海軍横須賀基地での勤務経験もあり、二〇一六年には著書『THE　PIVOT　アメリカのアジア・シフト』（日本経済新聞出版）を発表し、外交の中心をアジアに移す重要性を説いた人物です。

トランプ前政権下では対アジア外交が軽視された印象がありますが、キャンベル氏は「在日米軍の駐留経費増額をさらに日本に求めれば日米同盟が弱くなる」として増額に否定的でした。最新情報では、年末までに増額に関する日米の合意が見込まれるそうです。ロイター通信によれば、キャンベル氏はトランプ氏の対中強硬路線の一部や北朝鮮への対応には支持を表明したとあります。沖縄県・尖閣諸島をはじめ、台湾や南シナ海などの状況を把握する人物がブレーンを務めることは大歓迎です。

また、国務長官に指名されたアントニー・ブリンケン氏や、大統領補佐官（国家安全保障問題担当）に指名されたジェイク・サリバン氏は、いずれも国際経験が豊富です。

キャンベル氏が指摘するように、日本を筆頭にしたアジアの同盟国との関係をより深いものにするのは、日本だけでなくアメリカにも利益があります。

「不戦を唱えれば平和だ」とボケている日本人もいますが、日本を訪問した米国務長官アントニー・ブリンケン氏は、日本は「インド太平洋地域における要石（キーストーン）で、日米同盟という関係が崩れれば世界のパワーバランスが一気に全体主義国家・中国有利へと向かう」と強調しました。

中国軍は張子の虎

実は私は、米軍厚木基地の戦闘機シミュレーターを見学に行ったことがあります。空母から離陸した戦闘機が、どういう経路と順序をたどって敵を攻撃するのか、一種の「戦争ゲーム」です。途轍もなく大きな部屋にコンピューターが何十台も据えられ、担当者がそれぞれ任務に励んでいます。

私はそれを見て、「これがあれば、リアルに空母から発艦させて練習する必要はないじゃないですか」と声をかけました。指揮官はニヤリと笑って「そうですよ、燃料費も人件費も節約になるし、戦闘機も傷まないからね」というのです。これは空母だけでなく、アメリカ本土ともハワイの基地とも繋がっていて、もちろん自衛官も参加できます。

「ハッキングの危険はないのですか？」と尋ねたら、「そのための要員がこの二人です」と紹介してくれました。二人は中国のハッキングの専門家で、対策は万全だと語っていました。

また米軍の潜水艦の音響調査の専門家は、沖縄・台湾海峡周辺に潜む潜水艦は他の艦船が発する音を逐一キャッチして、中国のどの艦がどこに潜っているのかを一〇〇パーセント補足すると語っていました。その情報は海上自衛隊とも相互にやり取りしています。

前述したように、私は中国軍は案外、「張り子の虎」なのではないかと思いました。巷間では、中国軍の増強ぶりに警戒感が高まっていますが、それも中国のプロパガンダに乗せられているだけかもしれないのです。

アメリカのシンクタンク「ランド研究所」は、『中国の不十分な軍事転換：人民解放軍の弱点に関する評価』というレポートで人民解放軍の人的資源面を分析し、「湾岸戦争以来、現代戦を継続し続けているアメリカ軍と違って、人民解放軍には現代戦の実戦経験が欠乏しているため、たとえアメリカ軍と戦火を交えることになっても人民解放軍の戦闘能力はアメリカ軍には太刀打ちできないであろう」と指摘しています。

同研究所によれば尖閣諸島をはじめとする東シナ海での日米との軍事衝突になった場合、中国の戦闘能力に関しての評価では「人民解放軍の戦闘能力は自衛隊、アメリカ軍にまったく太刀打ちできないほど無力というわけではないものの、作戦全体が失敗する可能性が大きいレベルだ」とされています。また、南シナ海での島嶼をめぐる紛争では、「作戦の一部が達成できない可能性がある」レベルと評価されているのです。

中国海軍の「数字的」増強ぶりが目覚ましいのは事実です。しかし、艦船数はアメリカを超えたかもしれませんが、肝心の乗組員の士気や技術、練度が問題なのです。

中国軍の戦闘意欲は決して高くない

中国ではいま「寝そべり族」が登場しているそうです。中国ネットの掲示板で「寝そべりは正義」という書き込みが話題になったのです。「家も車も買わず、消費も結婚もせず、創業もせず、子どもも作らず、労働時間を減らしてシンプルな生活をし、他人の奴隷にならずに、自分の楽しさを求めるのがいい」というのが、その趣旨です。

その背景には、所得は確かに上がっているものの、それ以上に不動産価格、結婚費用、子どもの教育費が高騰し、これまでのような結婚→子育てといった「当たり前の幸福」が見えにくくなっていることがあります。

その一方で、「九九六」という言葉もあります。「朝九時から夜九時まで週六日働かなければ社会的成功は勝ち取れない」というのです。そんなブラックな働き方をするくらいなら、「一日二食でいいから、年に数カ月働けばすむ暮らし方をしよう」という意識が広がっているそうです。

中国に限らず、これは先進国の若者に共通した現象かもしれませんが、特に中国の若者は「一人っ子政策」で甘やかされた経験の持ち主ばかり。そんな若者たちに、「命をかけて国を守ろう」という意識があるとは、とても思えないのです。

ちなみに、日本に赴任しているアメリカ軍兵士はどうかといえば、彼らは「日本が大好き」なので、志気が高いといいます。実は空軍の中でも海外に行ける人は全体の二割に過ぎず、残り八割は、ずっとアメリカ国内勤務です。そこで海外勤務になった彼らの意見を聞いてみると、一番人気のある基地はドイツのラムスタインで、二番目が東京・横田基地だそうです。日本に来た人はたちまち日本が好きになって、兵役期間の二年で戻らず、三年に兵役を延長してもらう例も多いそうです。そして軍を辞めて民間の業者になり、再び三沢や沖縄、あるいは同じ横田に戻ってくる。退役しても、専門技術があれば十分可能なのです。私の友人にも、そういう人がたくさんいます。

「日本は治安がいいし、安全だし便利だし、日本人は人間性が素晴らしい。大好きな日本を、僕たちは一生懸命守ります」

と、熱く語ってくれました。

日本ならできる中国への機雷封鎖

ともあれ、中国を抑えることができるのはアメリカだけでしょうが、核兵器が配備されて以来、逆に全面戦争が起きる危険性は少なくなっているのではないでしょうか。これは、核兵器の唯一の貢献です。双方とも使えないわけです。

その代わり、海軍力で海上封鎖をして、相手国に圧力をかけるのが近代の戦争の一つのパターンです。だから中国は海軍力強化に奔走しているのです。

そこで、海上封鎖という意味では日本列島というのは実に重要な位置にあります。日本列島から尖閣諸島、台湾、フィリピンへと続く島々が、中国の海洋進出の大きな障害物になっているのです。これを活用しない手はありません。しかも、米中を比べた場合、海軍の「運用」能力では、圧倒的にアメリカに分があります。

日本も安価で効率的な武器を保有していて、それはリモートで爆発させる機雷です。潜水艦で運んで、敵の基地の出口や航路の要衝にばらまき、リモートで爆発させる武器。日本が世界一の技術を持っています。中国海軍には、それを除去する能力が足りないそうです。

いま連日のように、中国艦船による尖閣諸島への不法侵入、領海侵犯が繰り返されています。島根県・竹島や北方領土では、韓国やロシアによる不法占拠が続いています。

アメリカは一貫して東シナ海と南シナ海での中国による行動を非難し、尖閣情勢について日本政府を支援する約束を一〇〇パーセント堅持するとしています。日本人にとっては安心できる発言ですが、同盟国とはいえ、自国の安全を他国に依存している状況に安心しているだけでいいのでしょうか。

ロシアとの間では、領土問題を解決できず、戦後七十五年たっても講和条約を締結することができません。核ミサイルの脅威を高める北朝鮮とは最近、対話すら実現していないし、韓国は相変わらず「日韓基本条約」に異議を唱えているありさまです。

日本国憲法前文には、「平和を愛する諸国民の公正と信義に信頼して、われらの安全と生存を保持しようと決意した」と記されていますが、極東における現状を見る限り、そんな夢物語は通用しないのです。

アメリカ人である私から見ると、「平和」を唱える人々こそが、国内外の秩序を乱しているとしか思えません。平和主義者の典型は「何もしないことこそが平和だ」と考えているようですが、そんな考えは成り立たないし、危険なのです。

国際社会の平和と安定は「力の均衡」によって支えられているという現状を認識し、それを維持するための不断の努力と覚悟が必要です。平和ではない日本の状況を「平和」と言い張り、その「平和の幻想」が続くと考える人々は、まさに「ダブル平和ボケ」としか言いようがありません。

安全保障を人任せにするのではなく、国民ひとり一人が現状を認識し、平和について真剣に向き合わなければ、真の平和は訪れないでしょう。

日本の「中国投資」が問題だ

いま、国際政治で重要になっているのは、中国との「デカップリング（切り離し）」です。
自由主義諸国が中国とのサプライチェーンを断ち切るために、独自のサプライチェーンを作り、中国との経済的関係を弱めていくことが重要になっていくのだと思います。

そのためには日本企業も、対中国投資を見直すことが急務です。中国には巨大なマーケットがあり、それを無視できないという気持ちはわかります。自動車も電気製品も、まだまだ需要が見込めますし、電気自動車やクリーン技術開発の需要も無視できないでしょう。中国と商売すると、利益にはなる。中国がとても大きな市場なのは事実です。

しかし、これも「甘い罠」。中国の言う通りにどんどん入り込んでいくと、やがて抜き差しならなくなってきます。罠から出られなくなって、挙句は言いなりにならざるを得なくなってしまうのです。

先ほど紹介した楊逸さんは「中国の世界戦略は、他国を糖尿病患者のようにしていくものだ」と喝破しています。「美味しいからと口にし始めて、だんだんと贅沢になっていき、はっと気づいたら重症の糖尿病患者になっていて目も見えなくなり、足も腐っていく。やがて透析が必要になってしまう……」のだそうです。

オーストラリアは中国に侵食され続けましたが、いまはそこから抜け出そうと必死に戦っています。日本はオーストラリアよりも経済大国で、技術力もあります。中国なしでは経済的に大きなダメージを受けますが、それでもやっていけるはずです。

ただ、自分たちにやっていける力があるということを信じるかどうかが問題です。中国の罠にはまってしまわないためには、自分を信じるかどうかが大事なのですが、肝心の日本人自身が、自分たちの力を信じていない面があります。自信がないことが問題です。これも中国の思うツボで、プロパガンダが効いているからだと言えましょう。

思い出してみて下さい。日本が世界第二位の経済大国になった時には、中国市場はなかったのです。

スパイ防止法制定を急ごう

日本では「特定秘密保護法」が成立して、一部ではこれが「スパイ防止法の役割を果たす」と見る向きもありますが、まだ完全ではありません。なぜかと言うと、「情報の秘密を守る」のは結構だとしても、「怪しい工作活動を防止する」という、「スパイを防止する」本来の意味が盛り込まれていないからです。

中国自身が「法律戦」「心理戦」「世論戦」と語っているのに、これを実行するプロパガンダとスパイ活動を防止することは、いまの法律ではできないのです。

日本がスパイ天国であることはすでに常識です。機密情報がほんとうに守れるのか、不安が尽きません。スパイ防止法というと、すぐに「国民が政府の監視下に置かれる」「うっかり内緒話もできない」などと言う人がいますが、安全保障や最先端技術の機密情報が盗まれてもいいと言うのでしょうか。

日本には親中派や媚中派の国会議員も多く、彼らによって「スパイ防止法潰し」が行われてきました。日本弁護士連合会（日弁連）も正式に反対しています。でもその間にも、中国の浸透工作は進んでいます。この獅子身中の虫をいかに取り除くのかということも、日本にとって最重要課題なのです。

実はスパイ防止法が制定できるかどうかが「ファイブ・アイズ」に加盟できるかどうかの鍵を握っています。これはアメリカ、イギリス、カナダ、オーストラリア、ニュージーランドの英語圏五カ国による機密情報共有の枠組みのことで、第二次世界大戦時に英米間で結ばれ、英米をはじめとする諜報機関が世界に張り巡らせた情報網を互いに利用、共有するという「UKUSA《ユークーサ》協定」に基づいています。第二次世界大戦中、あの有名なドイツの暗号機エニグマを共同で解読したことが発端になったと言われています。

そして現在、中国の脅威に対抗するため、ファイブ・アイズの重要性が高まっているのですが、日本の参加を強く後押ししているのがイギリスです。イギリスは香港問題で中国に約束を反故にされて怒り心頭、中国と対峙するためにも、日本の協力が必要だと考えているからです。

ただ、これに対してニュージーランドは反発しています。というのは、ニュージーランドにとって中国は最大の貿易相手国で経済的にも結びつきが強く、オーストラリアと同様、中国に〝侵食〟されているからです。前述したように、中国系国会議員が中国から巨額資金を受けていた疑惑もあります。

ただファイブ・アイズに加盟しているため、アメリカ主導の「ファーウェイ機器を通信網から排除する」件に同調した報復として、「中国観光客のニュージーランド渡航禁止」といった嫌がらせを受けています。こうした事情もあって「これ以上のファイブ・アイズの強化」を望まなかったというのが真相かもしれません。

とはいえ、日本が加入を望んでも、日本にスパイ防止法がないことがネックとなるはずです。スパイ防止法も持たない国が本当に機密情報を守れるのかは、他国にとっても安全保障上の大きな懸念になるからです。

私は日本が早くファイブ・アイズに参加し、中国監視網の一翼を担うべきだと思います。

日本の安全保障のためにも、環境整備を急ぐべきなのです。

土地規制法成立は歓迎すべきこと

その一方で、自衛隊基地や原子力発電所の周辺、国境離島などの土地の利用を規制する「土地規制法」が成立しました。

この法律は、これらの重要施設の周囲一キロや国境離島を「注視区域」に指定し、土地や建物の所有者の氏名・住所、利用実態などを政府が調べることができるものです。特に重要な施設については周辺を「特別注視区域」とし、一定面積以上の土地や建物の売買には事前の届け出が必要となります。また、重要施設や離島の「機能を阻害する行為」について、政府の中止命令に従わない場合は刑事罰を科すことが決められました。

でも、この法律でどこまで中国のスパイ行為を防止できるかどうかは不明です。事前届け出が必要になったのは一歩前進ですが、中国がその気になればいくらでもダミー企業を使えるからです。

ただし、規制対象区域に想定する国境離島の四百八十四カ所、防衛関係施設の五百カ所を指定した点は評価できるものです。「具体的なリストを示していない」と野党やマスコミは批判していますが、これは「スパイ防止」の観点からやむを得ないものだと考えます。

今後はむしろ、現状の法律で曖昧な点を点検し、より実効性のあるものに整備していくことが必要です。丁寧に説明していけば、いまは反対意見を持つ人たちも「中国シンパ」でない限り、その重要性を理解してくれるはずと確信しています。

マスコミよ、中国に忖度するな！

マスコミが「土地規制法」に批判的なのは、やはり中国におもねっているからだと、私は思っています。中国の意に反した報道をすると、場合によっては支局が閉鎖されてしまうから。まるで誘拐事件で身代金を要求されているようなものです。だから中国の外交は「人質外交」と揶揄《やゆ》されるのです。

しかし、日本国民を守るのがマスコミの責任です。むしろ、北京の意向を垂れ流すマスコミなんて、なくなってしまっても構わないとさえ思っています。

現にイギリスのＢＢＣが中国の意向に逆らった報道をし、支局閉鎖の措置が下されました。でも日本のマスコミも、それぐらいの勇気を持ってもらいたい。そうでない限り、尊敬できる国にはなれません。いっそ、主導権を握られないように、もっと積極的に批判してしまえばいいのです。

政治面でも一緒です。親中政治家は入れ替えて、政権も中国に対して抑止力のある態度を鮮明にする必要があります。

閣僚の靖國神社参拝問題も、自分に信念があるのなら参拝すればよいのです。中国が嫌悪感を持とうと、朝日新聞が批判的だろうと、中国流に言えば「内政干渉だ」と堂々と反論すればいいのです。「朝日新聞よ、あなたたちは中国の新聞なのか」と言い返せばいいのです。

すると親中派の公明党が怒るかもしれませんが、そもそも選挙目当てに親中派に媚びるなんて、政治家としての信念に欠けています。はっきりと中国に対する姿勢を押し出していけば、国民はついてくると思います。

アメリカの動きを受けて今回、日本でも「ウイグル人権法案」の上程が検討されましたが、公明党の反対によって潰されました。いうまでもなく公明党には親中派が多く、中国におもねるからです。

そんな状態では、いつまで経っても国際社会の正当な一員にはなれません。マスコミも政治家も、もっと中国に対して毅然とした態度をとるべきだと、私は思います。

中国に「弱腰」すぎる日本の政治家たち

二〇二〇年、中国の習近平国家主席の国賓来日問題が議論されていた頃のことです。中国政府が「香港国家安全維持法（国安法）」を施行したことを受け、自民党外交部会と外交調査会が、習近平の来日中止を日本政府に求める「対中非難決議」を出そうとしたところ、二階俊博幹事長率いる二階派議員らの反発を受けました。

報道によると、二階派重鎮らが「多くの先輩方が努力され、積み上げてきた日中関係を壊すような文言はいかがなものか」などと異議を唱えたそうです。結局、非難決議は「来日中止を要請する」という原案から、「中止を要請せざるを得ない」という煮え切らない文面に修正されたのです。「どの国を代表している政治家なのか？」と非難すべきです。

香港への国安法施行は「自由・民主」「基本的人権」といった国際社会共通の理念への、明らかな挑戦です。その中で非難決議にケチをつけるような議員は、自由主義より共産主義になびいて、日本の主権を軽んじているとしか思えません。いざというとき、日本を中国に売り渡しかねない輩です。

「そうすると中国が反発して日本企業が被害を受ける」という考え方もあるようですが、そう考えてくれることこそが中国の〝思うツボ〟なのです。中国のプロパガンダが見事に効いている訳です。

しかし、経営者の中には腹が据わった人物もいます。私は以前、中国でも活動する九州の経営者多数と意見交換しましたが、彼らは「われわれの損害は覚悟している」「日本政府は譲歩すべきではない」と言い切っていました。親中派の政治家には及びもつかない、はるかに国益を考えた大人の対応です。

私の祖国アメリカが、もし中国に主権を脅かされたとしたら、決して黙ってはいません。まずは外交戦で厳しく抗議し、それでも暴挙を続けるなら、必ず制裁に着手します。米中貿易戦争も、これ以上の「知的財産の侵害」や「強制的な技術移転」を許さないという決意ゆえの行動です。

アメリカには「the straw that broke the camel's back（らくだの背を折ったわら）」という言葉があります。日本の「堪忍袋の緒が切れる」と同義で、多くのアメリカ国民の中国に対する感情そのものといえます。

新型コロナウイルス騒動を筆頭に、人権侵害や宗教弾圧、がんじがらめの情報統制を行う中国。これまで世界に与え続けてきた「害」「厄災」を考えれば、世界はいまこそ、明確に中国に「NO」を突きつけるべきではないでしょうか。

日本も領海侵犯に対して、型通りの抗議ではなく、アメリカのように具体性を持ったプレッシャーをかけるべきです。「これ以上、中国に身勝手な行動を続けさせないぞ」という強い決意表明こそが、世界と人類に利益をもたらすはずです。

日本も中国の暴挙に、毅然とした態度で臨まなければならないのです。メディアは「今日の尖閣」と連日報じて、国民の注意を喚起してもいいくらいです。もっと国民が領土・領海を侵されていることへの危機感を持たなければ、その後に待っているのは、領土を奪われ、侵略されることです。

中国の肩を持ち続ける日本の政治家を見ていると、一九三〇年代、ナチス・ドイツを放置し続けた、英国の宥和政策を思い出してしまいます。ヒトラーの増長を許し、結果的に第二次世界大戦につながったという禍根を繰り返してはいけないのです。

日本は「落としやすい国」の筆頭

中国共産党にとって、もっとも落としやすいのは日本です。例えば孔子学院に対してはアメリカが警戒警報を鳴らし続けて取り締まりに出ているため、西側諸国では閉鎖が相次いでいますが、日本はようやく「見直すかどうか考慮する」段階です。まだ実質的に野放しに近い状態です。

また、日本で市民権を得ている〝友好の衣をまとった〟中国の知識人も少なくありません。彼らに日本のメディア側から積極的に近づき、大切に扱っているのです。

また、中国は自民党と公明党の中で指導力を持つ人物にターゲットを絞って懐柔していることは、繰り返して言うまでもないことでしょう。ここを押さえておけば、たとえ菅政権がアメリカ追随を唱えても、中国にとっては痛くもかゆくもないのです。

もし二階幹事長が指導力を失ったときには、中国は多少の痛手を被るでしょうが、政治面以上に経済界やマスコミにしっかり根を下ろしているので、状況が大きく変化することはありません。日本は中国にとって、相変わらず扱いやすい友好国であり続けるはずです。

日本人は、自らの国土と文化を蹂躙されないうちに、はっきりと覚醒しなければならない時期に来ています。

わずかな有権者が国防を左右する日本の脆弱性

私は、ユーチューブの「KENT CHANNEL」でも、アメリカ政治や安全保障について解説しています。そこで先日、気になる指摘がありました。「日本の保守論客は外交の観点から安全保障を語る一方で、地政学的にはあまり語らない」という指摘で、「馬毛《まげ》島《しま》（鹿児島県西之表市）の現状も取り上げてほしい」というものです。確かにメディアではあまり取り上げられない事案です。

馬毛島は種子島から約十キロメートル離れた無人島で、平坦な地形のため、滑走路などの施設建設が比較的容易とされています。そこで島を所有する建設会社が米軍の訓練誘致などを目的に、飛行場建設に向けた土地の開発・整備を進めていました。民主党の鳩山政権の時代には、米軍の沖縄・普天間飛行場の国内移転先として名前が挙がったこともありました。

そして二〇一一年、防衛省は、米軍が硫黄島で実施している空母艦載機の陸上空母着陸訓練（ＦＣＬＰ）を馬毛島に移転する意向を示し、自衛隊が施設を管理し、米軍も共同使用できるようにするというものです。

しかし二〇二一年一月の西之表市長選で、移転反対派がわずか百四十四票差で再選を果たし、基地建設計画の中止を要求したこともあって、計画の先行きは不透明になってしまいました。市長は日米地位協定に関する懸念や馬毛島沖の漁場が失われる可能性を挙げ、「失うもののほうが大きく同意できない」と計画反対を正式表明したのです。

でも私の考えでは、これは〝建前〟に過ぎず、陰で中国の意向が働いているのではないかと疑っています。私がそう考える理由は市長が朝日新聞社出身だからです。もしかしたら中国は、彼の前職を通じて、ここまで細かく手を延ばしているのではないか……それは私の勘繰り過ぎでしょうか。

八板俊輔市長は、早稲田大学政治経済学部を出て朝日新聞社に入社、二〇一二年に退社し、二〇一七年の選挙で初当選した人物です。二〇一五年には、著書『ルポルタージュ「馬毛島漂流」』（石風社）を上梓しています。「日米安保の渦の中で、〝漂流〟する島・馬毛島」というキャッチにあるように、そもそも日米安保に批判的だったので、中国は巧みに彼に近づいたのかもしれません。もちろん、確証があるわけではありませんが……。

しかし私が理解できないのは、中国や北朝鮮の軍事的脅威が増す中で、一地方のわずかな有権者の声が、国防を大きく左右してしまう日本の脆弱性です。票数の差はわずか百四十四票。投票した有権者数は約一万二千人なのに、その約一％の意向で計画が頓挫してしまったのです。地方自治体が、国防にもの申せる構図自体、いかがなものかと首をかしげてしまいます。反対派は「整備＝悪」という考えなのでしょうが、整備する利点についてもバランスよく検討すべきではないでしょうか。

八板市長は岸防衛大臣宛てに要請書を送り、「改めて民意が示された」と主張して、自衛隊基地建設計画の中止を要求しましたが、これに対し、賛成派の市民団体は八板市長宛てに抗議書を提出し、「賛否が拮抗した選挙結果を顧みない、市民の分断を助長する対応で極めて軽率だ」と批判しています。同時に行われた市議選では、賛成派の自民党が公認・推薦した七人全員が当選し、賛否がほぼ拮抗する形となったからです。

「約半数の市民は理想論ではなく厳しい現状を直視し、本市の繁栄を請い願っている。その思いを常に忘れることなく、今後は冷静沈着かつ真摯な言動に努めてほしい」と市長に求めています。

アメリカ側はＦＣＬＰについて、代替訓練場の確保を強く要請していました。米軍厚木基地（神奈川県綾瀬市など）での訓練が騒音で問題となり、現在の硫黄島（東京都小笠原村）も、対中戦略を考えると遠距離であるからです。

馬毛島は、米軍岩国基地（山口県岩国市）から四百二キロメートルに位置する島ですが、硫黄島が岩国基地から千四百二十二キロメートル離れていることに比べれば、負担が小さいのです。

馬毛島に訓練基地が建設できないとなると、米軍の士気は大きく下がるはずです。彼らは、日本に加えて、東アジア全体の平和と安全のために日々、命がけの任務に当たっています。これは日本の国益にも大いに合致するはずです。訓練場の確保が遅れれば、アメリカは「日本政府は努力しない」と怒りを増幅させ、日米同盟の絆にヒビが入りかねないのです。中国の思惑通りになってしまいます。

日本の安全保障における基地整備は、米軍普天間飛行場（沖縄県宜野湾市）の名護市辺野古への移設問題だけではありません。一刻も早い整備が必要です。

日本政府は優秀な広報官を置くべきだ

話は変わります。日本は自国のPRがとても下手な国です。その原因の一つに、日本政府にきちんとした「広報官」がいないからだと思います。

アメリカには国務省の中にUSIAという部署があります。「USインフォメーション・エージェンシー」です。アメリカ文化を世界に売り込む部署で、かつてはラジオ・フリー・ヨーロッパやラジオ・フリー・アジアなども運営していました。現在は、両方ともアメリカ連邦政府の国際放送サービスを全て監督する独立政府機関であるU.S. Agency for Global Media（USグローバル・メディア局）が監督する、民間の非営利団体です。

私は一九七五年の沖縄海洋博覧会のときに、アメリカ館の案内役の仕事のために、日本にやってきました。私は大学を卒業する直前から大学院に進むまでそこに勤めていました。何年か後につくば博が行われましたが、そこにも同じUSIAの職員何人かが来ていました。

日本では、こういう継続的で総合的な広報部門がないようです。内閣府がインターネット上に出している『We Are Tomodachi』という素晴らしいページがあります。英語、フランス語、スペイン語版があり、とてもよくできているのですが、内閣府発信の情報に偏っています。各省庁の英語発信のホームページも完璧ですが、もっと国際的に訴えるような日本の技術や文化などを含めて、多角的に発信していくことが必要です。

二〇一七年から一八年にかけて、外務省は、サンパウロ、ロンドン及びロサンゼルスの三都市に、対外発信拠点である「ジャパン・ハウス」を創設しました。その対外発信事業の一環として、意欲と才能のあるアーティスト、クリエイター、エンジニア、研究者、企業、団体等に、それぞれが考える「日本とは何か」という大きな問いに対する答えを、ジャパン・ハウスにおける「展示企画」として出展してもらい、ジャパン・ハウスの三拠点を順次巡回する企画になっています。

新しい事業として私は高く評価したいのです。実際、これまでのところ、現地でも評価する声は多いようです。一方、箱を作ってしまったらそこに足を運んだ人だけにしか発信できないし、トレンドを広げている人たちが活用しているのはネットやSNSなので、ちょっと時代に逆行してるんじゃないかと批判する人もいます。

伝統文化やマンガ、アニメ、食、工芸などといったソフト面で外国人にアプローチすることだけが、必ずしも日本の歴史や、領土問題における日本の立場を理解してもらうことにつながるとは限りません。

「軍艦島」を世界産業遺産から抹消しようと企む韓国

さらに、国内で正確な情報を発信する施設を作ろうという動きもあります。一例が、日本政府が東京新宿区に設置した「産業遺産情報センター」の展示です。二〇二〇年三月「産業遺産情報センター」は、産業遺産に関する総合的な情報センターとして開設されました。二〇一五年にユネスコ世界遺産委員会において世界文化遺産として登録された「明治日本の産業革命遺産　製鉄・製鋼、造船、石炭産業」を中心とした産業遺産に関する情報発信の拠点になっています。特に俗称「軍艦島」（長崎市端島《はしま》）という巨大な海底炭鉱で、戦時増産体制を担う人たちが、どのように職場を運営したのか、事業の現場や暮らしがどんな様子だったのかを、当事者たちの証言をもとに記録し、展示したものは実に見応えがあります。

私は、加藤康子センター長に案内していただきましたが、大変よくできていると思います。史実に基づいた展示は、決してプロパガンダとは言えません。そのとき、私は実際に端島で暮らしていた男性と会うことができ、端島の暮らしぶりなどについて詳しく聞かせていただきました。その話を動画にして、自分のYouTubeチャンネルにも載せました。

ところが国連教育科学文化機関（ユネスコ）世界遺産委員会とイコモス（国際記念物遺跡会議）は、軍艦島を含む世界文化遺産「明治日本の産業革命遺産」をめぐり、「朝鮮人労働者に関する説明が不十分だ」として、「強い遺憾」を決議したのです。

つまり、このセンターの展示に関して、「犠牲者を記憶にとどめる」ために、「より暗い側面」を含めて「多様な証言」を提示するように求めてきたのです。世界遺産条約では歴史解釈における国家の主権が認められています。展示内容に対して是正を求めるのは前代未聞のことです。

これについて、同センターの加藤康子センター長は、「センターの役割は正確な一次史料を提供することで、（歴史の）解釈は個々の研究者に委ねるべきだ」とするコメントを公表しています。そして加藤さんは『週刊新潮』二〇二一年八月二十六日号で意見を掲載しています。そこでその記事を参考に、加藤さんの意見を紹介したいと思います。

「より暗い側面」とは、「多くの朝鮮半島出身者が自らの意に反して厳しい労働を強いられた実態を理解できるような措置」ということです。決議の土台となったユネスコの専門家報告書では「他国から徴用された労働者は、当時、日本国民として扱われたという印象を与える」と記されていますが、加藤さんは「この当時、朝鮮半島出身者は日本国民であり、国民として徴用されているので、史実と異なる」と指摘しています。

加藤さんは「歴史においては百人の研究者がいたら、百人の解釈があります」と語ります。だから「政治」や「運動」に左右されず、あくまで一次史料や証言を基本に正確な展示をするというのが、このセンターの役割なのです。

しかも現地調査のときには、国際機関自身が「過去のステートメントを遵守するために虚偽の展示をしろとはいえないと言明している」と語っています。それなのになぜ、いまになってクレームをつけてきたのか。お察しの通り、そこには韓国政府の意図が働いているからです。

二〇二〇年、日本政府が産業遺産情報センターを開設すると、韓国は世界遺産の取り消しを求めてきました。ユネスコ側は拒否したものの、韓国は納得しません。反対運動をする団体を使って、あくまで取り消させようと躍起になりました。

韓国のこの動きに呼応するように、ユネスコは二〇二一年六月、イコモスとの合同調査団を日本に派遣したのですが、実際に来日したのはドイツ人女性一人。他の二人はコロナのせいでリモートになりました。しかし「調査員の三人とも、日本の歴史については知見がなかった」と加藤さんは語っています。

驚いたことに調査員は、冒頭から「犠牲者はどこか？」と聞いてきたというのです。しかも調査中も朝鮮人労働者を「戦時捕虜」と表現していたそうです。加藤さんは「朝鮮半島出身者は戦時捕虜ではない」ことを指摘しても、報告書には「他国から徴用された労働者は、当時、日本国民と見なされ、日本国民として扱われたという印象を与える」と記されているそうです。

でもそもそも、当時、日本と朝鮮は戦争などしていないし、他国でもありません。調査員は、それすらも知らなかったのです。

確かに、戦争末期、端島に限らず日本の事業現場では食糧事情も悪く、物資も不足し、厳しい労働環境にあったのは事実です。それは日記や証言からも読み取ることができ、戦禍の中で、端島の朝鮮半島出身者は日本人と一緒に働き、ともに暮らし、全山一家で増産体制を支えたことは展示からも明らかです。

しかしユネスコは、朝鮮半島出身者を一律に「犠牲者」と定義しています。でも本来「犠牲者」とは、出身地にかかわらず、炭鉱や工場などの施設で戦時中に労務に従事する中で事故や災害に遭われた人や亡くなった人を指すべきで、朝鮮半島出身者を一律に「犠牲者」と認定するのは暴論です。だから加藤さんは、「歴史の解釈は個々の研究者に委ねるべきだ」という見解を示したのです。正論です。

「調査報告書を読む限り、ユネスコが耳を傾けたのは少なくとも活動家の〝正義〟であって、島民の声ではない」と加藤さんは語ります。島民たちは出身地に関係なく、日本人も半島出身者や中国人捕虜と一緒に働いていて、そう証言する島民もいたのに、その声は無視されてしまったのです。

しかもその陰に、「軍艦島は地獄島」というプロパガンダを仕掛けた人物がいました。朝鮮半島出身労働者（彼らのいう「徴用工」）に関する調査や研究を行い、戦時中の炭鉱や軍需工場で「いかに強制労働が激しかったか」を宣伝する活動をしている「強制動員ネットワーク」という団体の矢野秀喜氏です。

その団体が配ったパンフレットの表紙には痩せた労働者の写真や寝そべりながら石炭を掘る労働者の写真が使われていますが、その写真は朝鮮人労働者となんの関係もない日本人で、場所も端島ではなく筑豊だったというのです。

また、二〇一七年に多額の宣伝費をかけ、ニューヨークのタイムズスクエアで端島での〝残虐な労働強制〟の非道ぶりを訴える広告映像を発信したソ・ギョンドク氏の姿も見え隠れします。しかしその広告に使われた写真も、朝鮮人徴用工とは無関係の写真だったそうです。

加藤さんは言います。「端島を知らない人たちがプロパガンダで世論を動かし、ユネスコの力を借りて島民に〝虐待〟の汚名を着せ、人権を傷つけるのを許してはいけません」

そして政治が歴史に介入する悪循環をなくすためにも、加藤さんたちは、正確な一次情報や当事者の声を支えていくという決意を新たにしています。このように、中国や韓国からの理不尽な要求に対して、その都度きちんと日本の意見、立場を海外に伝えるべきなのです。

「戦争をせずにすむ国」には強い軍事力が必要だ

集団的自衛権の限定行使を可能にすることなどが盛り込まれた安全保障関連法が施行されてから五年を迎えました。軍事的覇権拡大を進める中国や、核・ミサイル開発を強行する北朝鮮を相手に、日米同盟強化に貢献した法制の意義は非常に大きいと思います。防衛省によると、必要最小限の武器使用を条件に艦艇や航空機を護衛する「武器等防護」が二〇二〇年に過去最高の二十五件となったそうです。安保法施行で、米軍をはじめとした他国軍も対象となったのです。

中国の東・南シナ海での暴挙を阻止するため、米国だけでなく欧州各国も空母やフリゲート艦などの派遣を表明する中で、これなら日本も連携することができます。尖閣諸島の周辺海域に中国海警局船が連日侵入している現状に対して、日本は当事国なのです。東アジアの平和と安定のために活動するのは当然です。

そもそも、日本が七十年以上も「敗戦国の甘え」を続けてきたことこそが異常なのです。世界のシーレーンである東・南シナの「航行の自由」が失われれば、日本や世界の平和と安全は崩壊し、経済的損失も計り知れないのです。

それなのに、例えば東京新聞は同法施行から五周年の三月二十九日「違憲性を問い続けねば」「安保法施行5年」という社説を掲載していたのですが、一読して驚きました。「日米の軍事的一体化を進めることで逆に、地域の緊張を高める『安全保障のジレンマ』に陥らないか」「権威主義に大きく傾く中国とは対話を通じて自由や民主主義、人権を重んじ、国際社会の責任ある一員として責任を果たすよう促す」などと書いているのです。

軍事力を急速に拡大させて、地域の緊張を高めているのは中国共産党政権なのです。対話が通じないのは、尖閣諸島や香港・ウイグルの現状を見れば明白です。だからこそ、欧米各国は連携して制裁発動を選択しているのです。

考えてみてください。一九六〇年の日米安全保障条約改定を筆頭に、七八年の旧日米ガイドライン策定、二〇〇三年の自衛隊イラク派遣、〇七年の防衛省への昇格、一四年の特定秘密保護法施行など、安全保障関連の条約や法整備をすることで、日本は抑止力を高めてきました。こうした現実的な対応によって、日本は「戦争をしない国」を維持しているのです。国民はこの事実から目を背けるべきではありません。

戦争の反対語は「平和」といわれますが、これは誤りです。戦争の反対語は「秩序」や「抑止力」こそがふさわしいのです。目まぐるしく変化する世界情勢において、国内では軍事的脅威から国民を守るための法制を整備し、対外的には同盟国をはじめ、自由主義国と協力する秩序こそが、戦争をしない社会へと導いてくれるのです。

今後も高まる脅威への備えは、国民の理解なしには成立しない。秩序の形成を妨害しようとするプロパガンダに惑わされてはなりません。

共産党と立憲民主党の野合は日本国民への侮辱である

政党間にもおかしな動きが見えます。日本共産党の機関紙『しんぶん赤旗』で、「わが党は一貫して統一戦線の結成と強化をめざす」と表明しています。共産党の志位和夫委員長は、この秋の衆院選を見据え、立憲民主党との選挙協力には、「野党連合政権」樹立に合意するのが条件だと強調しました。この記事を読んで、背筋が凍りそうな思いを抱くのは私だけではないと思います。

共産党が唱えている綱領は、次のようなものです。

・日米安保条約の廃棄
・自衛隊の解消
・日本社会が必要としている民主主義革命への変革

これらは二〇二〇年一月十八日に改定された共産党綱領に明記され、党のホームページにも掲載されています。軍事的覇権拡大を進める中国によって東アジアの平和と安全が脅かされているのに、それをまったく無視して、日米同盟や自衛隊をなくそうとする共産党。

しかも、革命を本気で目指しているのです。これは沖縄県・尖閣諸島や台湾に野心を持つ中国が歓喜するだけです。そして、そこに平和はないと断言しておきます。

機関紙『しんぶん赤旗』を読むと、志位氏は野党連合政権について、「閣内協力か、閣外協力かは、どちらもあり得る」と語っていました。でも、もし閣内協力となっても、防衛大臣や文部科学大臣に共産党員がつけば、日本の将来がどんな方向に向かっていくか、簡単に想像できるはずです。

事実、公安調査庁は現在も、共産党を破壊活動防止法に基づく調査対象としています。同庁のホームページには、「暴力革命の可能性を否定することなく、現在に至っています」と見解を掲載していますし、警察だって決して警戒態勢を解いていないのです。

現在、日本共産党の党員数や『しんぶん赤旗』の購読者数は減少しているらしく、二〇二〇年版の警察白書によれば、党員は約二十八万人で、赤旗の購読者数は百万人を割り込んだといいます。一説には四十万部を切ったとも言われています。党員の高齢化も進んでいますが、その一方で、若者獲得に向けて活動しているとも報告されています。

アメリカでは、共産党の名前で選挙に出ることはできません。「革命を起こそう」ともくろむ危険分子なので、極めて当然といえますが、それでも社会主義・共産主義的運動が大きな問題になっています。

それはともかく、この問題に対して、立憲民主党の枝野幸男代表は今後、どのような対応をしていくのでしょうか。もし共産党の提案を歓迎するようなら、私としては「国民への侮辱」と受け止めざるを得ません。「立憲民主」とは名ばかりで、民主主義を否定する政党と手を組むなんて、ただ票が欲しいだけの「野合」としか思えません。それは日本を分裂させ、破壊しかねないことなのです。日本国民の皆様、決して騙されないでくださいと、心から申し上げます。

あとがきにかえて

本書の原稿執筆の最終段階で、アフガニスタンから米軍が撤退をしている最中、数日間で「タリバン」が政府を倒して全国を制覇し、同国の情勢が大混乱の事態に陥りました。詳しい経緯は割愛しますが、あえて言うなら、これはバイデン政権の大失敗として、長きにわたって忘れられない「負の歴史」になるはずです。アメリカ合衆国の名誉にとって到底消せない汚点となりました。

とはいえ、アメリカ国民の大多数は、二十年も続いた戦争に疲れ果て、今後五年、十年を費やしてもアフガニスタン問題解決は不可能だという現実を見つめて、撤退自体には賛成していました。私もその一人です。

しかし、インテリジェンスを無視し、NATOの同盟国への報告もなしに、しかも現地人の協力者を置き去りにしたほか、在アフガンのアメリカ国民さえ速やかに国外避難させられなかったバイデン政権……最高司令官であるバイデン大統領が、撤退にあたって職務を全うしなかったと断罪せざるを得ません。

アフガニスタン情勢はこれからどうなるのか、我々は注意深く見守っていく必要がありますが、これが国際社会に対して、アメリカの信用と信頼性に大きな打撃を与えたことは間違いありません。

ほくそ笑んでいるのが中国です。このアメリカの慌てぶりは、中国にとって願ってもないプロパガンダのプレゼントを与えました。案の定、早速プロパガンダ合戦を始めていきます。

中国国営メディアは、「米国の急速な撤退は、台湾の人々への警告となるべきであって、米国の保護に頼るべきではない」と語り、国営の『環球時報』の編集長である胡西鈞氏は、ツイッターで「カブール政権の崩壊後、台湾当局は震え上がっているに違いない」と述べました。習近平率いる中国共産党の台湾領土を奪い取ろうとする意欲が、露骨に打ち出されています。彼らはこの原始的な「恐怖」のプロパガンダで、自分たちの覇権主義を、いっそう推し進めようとしているのです。

中国の公式通信社である新華社は、アメリカを「世界最大の不安の輸出国」と呼び、「『世界よりも自分だけ』という覇権主義的な政策があまりにも多くの人間の悲劇を引き起こしている」と付け加えました。

このように中国は、バイデン政権のアフガニスタン撤退に対する批判をよろこんでいますが、この撤退は「中国にとって戦略上の問題がある」と、専門家は指摘しています。

元CIA職員で中国での勤務経験もあるランディ・フィリップス氏は「中国の指導者たちは、アメリカが衰退しつつある国であり、ペーパータイガーであるという信念をさらに強めることになるでしょう」と語り、「中国は、自国の裏庭にあるイスラム原理主義国にアメリカが課した安全保障の恩恵をただで受けていました。国境に再びイスラム原理主義国家ができることを常に心配しています」と言及しています。

また『Nikkei Asia』は「二十年の歳月と二兆ドルの費用をかけた戦争に終止符を打つアフガニスタンからの米軍撤退は、これまでの『テロとの戦い』からインド太平洋地域で台頭する中国への対抗へと、ワシントンの安全保障上の最優先事項をシフトさせる勢いを与えます」と、解説しました。

しかしこの点に関して『Atlantic』誌は「中国との競争力促進という点で、アフガニスタンから撤退のメリットは、それほど説得力のあるものではない」と論じています。

そもそも、アフガニスタン戦争の目的は「テロとの戦い」でした。アメリカが撤退しても、撤退しなくても、その戦いはまだまだ続きます。でもそれが今後、どのように展開されるのか、まだ見えてきません。

唯一予測できるのは、中国とのプロパガンダ戦争がさらに加熱することです。中国に決して騙されることのないように、また効果的に対抗できるように、厳重に注意を払いながら、中国に対する「構え」を整備し、強化すること。それがますます同盟国の急務になっていくことでしょう。

二〇二一年九月六日

ケント・ギルバート

ケント・ギルバート
1952年、米国アイダホ州生まれ。70年にブリガムヤング大学に入学し、71年に初来日。80年、同大学大学院を修了し、法務博士号・経営学修士号を取得。その後、国際法律事務所に就職し、法律コンサルタントとして再び来日。タレントとして『世界まるごとＨＯＷマッチ』などの番組に出演する。『儒教に支配された中国人と韓国人の悲劇』(講談社)など著書多数。

いまそこにある中国《ちゅうごく》の日本侵食《にほんしんしょく》

2021年10月４日　初版発行

著　者　ケント・ギルバート

発行者　鈴木 隆一

発行所　ワック株式会社

東京都千代田区五番町 4-5　五番町コスモビル　〒102-0076
電話　03-5226-7622
http://web-wac.co.jp/

印刷製本　大日本印刷株式会社

ISBN978-4-89831-850-8